Como fazer
SEXO OU AMOR
sem se machucar muito

CASOS VERÍDICOS E RESPOSTAS SEM PRECONCEITOS

Sonia Rodrigues

Como fazer SEXO OU AMOR sem se machucar muito

CASOS VERÍDICOS E RESPOSTAS SEM PRECONCEITOS

Fale com Amarilys no consultório sentimental
www.amaremuitobom.com.br

ILUSTRAÇÕES DE
Andrea Ramos

GERAÇÃO EDITORIAL

COMO FAZER SEXO OU AMOR
SEM SE MACHUCAR MUITO

1ª edição – Maio de 2003

Editor
Luiz Fernando Emediato

Editora Assistente
Ana Carolina Mesquita

Capa e projeto gráfico
Alan Maia

Ilustrações
Andrea Ramos

Revisão
Paulo César de Oliveira

Dados Internacionais de Catalogação na Publicação (CIP)
(Câmara Brasileira do Livro)

Rodrigues, Sonia
Como fazer sexo ou amor sem se machucar muito : casos verídicos e respostas sem preconceitos / Sonia Rodrigues ; Ilustrações Andrea Ramos. -- São Paulo : Geração Editorial, 2003

ISBN

1. Aconselhamento sexual 2. Amor 3. Auto-ajuda – Técnicas 4. Homem-mulher – Relacionamento 5. Intercurso sexual 6. Sexo I. Ramos, Andrea. II. Título

03-1844 CDD-613.9071

Índice para catálogo sistemático:

1. Aconselhamento sexual 613.9071

GERAÇÃO DE COMUNICAÇÃO COMERCIAL INTEGRADA LTDA
Rua Professor João Arruda, 285 – 05012-000 – São Paulo – SP – Brasil
Tel.: (11) 3872.0984

GERAÇÃO NA INTERNET
www.geracaobooks.com.br
geracao@geracaobooks.com.br

2003
Impresso no Brasil
Printed in Brazil

Índice

Amar é Muito Bom

Amarilys surgiu há mais ou menos sete anos no Suplemento Feminino do Estadão e existe no site www.amaremuitobom.com.br. Neste período, recebeu milhares de cartas e consultas online sobre questões de amor, anunciando freqüentemente "Estou confusa(o)", "Não sei se estou preparada", "Você é maravilhosa, mas....". Mulheres e homens acreditam que amar é muito bom, mas sofrem por amor e têm dúvidas. As mais diversas, as mais parecidas, as que se repetem em situações inesperadas.

Todas as perguntas foram recebidas e respondidas no consultório sentimental online. Os dados pessoais foram suprimidos para preservar a privacidade das pessoas que as enviaram. Muitas são surpreendentes porque indicam mudanças importantes na forma como as pessoas encaram o amor. São surpreendentes também porque, ao contrário, mostram que algumas coisas não mudam.

Algumas diferenças de abordagem entre homens e mulheres permanecem. Homens perguntam mais objetivamente, se queixam menos. Ou usam um número menor de palavras para se queixar. Em outros momentos, a inversão de papéis é tão grande que espanta.

Tentei classificar com bom humor as dúvidas. A divisão escolhida foi temática e usando, na medida do possível, a palavra ou expressão que dessem maior precisão à dúvida. Por isso o item é "Chifre" e não infidelidade. "Infidelidade" possibilitaria toda uma conversa fiada sobre ser fiel ou infiel que não interessa à pessoa que está sofrendo o chifre ou plantando o chifre em alguém.

Foi feita uma única divisão por faixa etária, para privilegiar o universo teen. As dúvidas que os adolescentes têm hoje sobre o amor nos fornecem lições interessantes sobre o que existe de permanente e de novo nesse território de prazer e sofrimento.

Algumas dúvidas são de adolescentes, mas são de toda uma categoria, independentemente de idade. "O que ela quer dizer quando diz que está confusa?" A pergunta, de um homem de 13 anos, está na seção Confusos, e não na Menos de 18, porque é uma pergunta essencial para os homens. Eles não entendem confusão da mesma forma que as mulheres não entendem os homens resistirem a discutir o relacionamento.

Amarilys coloca em primeiro lugar as pessoas que escrevem, e não os outros envolvidos. Ela acredita que temos de amar, sim, mas não ficar à disposição. Sincera, sensata, amiga, mas não complacente: Amarilys vê a si mesma dessa forma.

Não se trata de uma especialista. Amarilys é uma personagem, como antes dela foram Myrna e Suzana Flag, inventadas por meu pai, Nelson Rodrigues.

Apesar de ter sofrido muitas discriminações e cobranças por isso, eu gosto de ser filha de Nelson Rodrigues. Hoje é fácil, porque criei meu próprio caminho. Amei muito, criei filhos, publiquei 22 livros, ganhei alguns prêmios literários, cometi meus erros, paguei por eles.

É mais fácil, portanto, entender e aceitar um pai que amou muito, criou muito, errou muito. Não dá para fazer essas coisas sem se machucar um pouco. Daí o título do livro. É uma homenagem indireta à minha condição de filha de um grande amor fora dos padrões. Eu sou filha de gente que amou muito e errou muito.

Amarilys responde com a alma. Não tem de dar satisfação a ninguém – nem a mim. Espero que as pessoas que procuram seu ombro e as que vão ler este livro curtam a maneira como ela encara o amor.

Amar é muito bom, mas dá trabalho.

SONIA RODRIGUES

Prefácio

A cada dia que passa, nós vivemos uma solidão maior que a de nossos avós. O mundo fechado com medo da violência nos deixa cada vez mais próximos da televisão e da Internet. E cada vez mais distantes do contato humano.

Onde estão os vizinhos, o botequim, a turma do biriba, as amigas da infância e juventude?

Como anda a distância entre as gerações? Qual a distância entre nossos pais e nossos filhos? Quanto existe entre mim e meus pais? Quanto entre mim e meus filhos?

A AIDS mudou a forma dos relacionamentos. O amar de hoje é bem diferente do da minha geração, que tinha um comportamento mais liberal e viveu a liberação feminina e toda a revolução sexual.

Mas os problemas "psico-humanos" continuam iguais. Apesar do bombardeamento das novidades. Do bem e do mal.

Os diferentes modos de encarar questões como virgindade, amores, maridos e amantes, dinheiro, depressões, homossexualismo, obrigações hereditárias, pai e mãe, religião, etc., nos fazem perguntar: o que é ser normal?

Eu sou normal? Afinal, quem é?

O "consultório sentimental" é uma instituição antiga que traduz em si a palavra amiga, o impulso que falta. Muitos que a ele recorrem encaram-no como uma espécie de guia, de diretriz. Sofrem com a pergunta: "O que devo fazer?"

Pessoas reprimidas, envergonhadas, solitárias, com perguntas que vão das mais complexas às mais simples. Simples para os outros! Só quem tem a pergunta sabe da importância dela. Quantas coisas que hoje vemos com simplicidade nos pareciam impossíveis de serem transpostas...? Mas foram momentos difíceis. Foi a busca de caminhos para as encruzilhadas que encontramos. Lendo esta compilação de sete anos de perguntas e respostas vemos que não estamos sós!

Amarylis não tem "a verdade" com ela. Tem a vivência, a observação e sua verdade. Às vezes a resposta dada pode não trazer a solução que você estava esperando. Mas, sem dúvida, ela ajuda, pois abre caminhos.

A minha experiência em dramaturgia, e principalmente nos melodramas novelísticos que dirigi, fica leve diante dos encontrados aqui.

Muitas perguntas podem estar dentro de você, mas você ainda não achou a forma de fazê-las. Procure aqui.

As respostas são sugestões. Amarylis procura achar o que está atrás de cada pergunta. Quem é aquela pessoa que lhe escreve, e quanto de sinceridade ela será capaz de suportar naquele momento? Pois, quando perguntamos, devemos saber a quem: estaremos preparados para a fria resposta? E qual é a resposta verdadeira na vida? Que devemos fazer entre tantas dúvidas diárias?

Este livro pode ser lido de duas formas: só as perguntas ou as perguntas e as respostas.

Na primeira sugestão, o leitor pode se fazer a pergunta e tentar achar uma resposta para ela. Talvez ele já quisesse formulá-la antes de abrir o livro, mas não sabia como ou a quem. O simples fato de pensar a questão e refletir sobre si mesmo já valeu. Isso é saber que você é a pessoa mais importante do mundo – para você!

Portanto, encontre o seu melhor.

Na segunda opção, aceite a sugestão de Amarylis. Ou conteste e discuta: estará criada a luz.

E se você quer ser autor, aí encontrará vários temas, problemas, dramas e comédias.

Eu li com carinho, me diverti, me achei, achei impossível, e principalmente, conheci pessoas. E assim vi que não estamos sós. E que somos normais.

Somos?

Pelo menos, Amarylis me convenceu de que sou!

DANIEL FILHO
Março de 2003

A

Amar se Aprende?

Estava com um cara e descobri que ele tinha outra. Logo depois comecei a me envolver com outro, mas descobri que ele era casado. Estou com medo de me meter em outra fria. Será que não tenho sorte com o amor?

Você não tem tido sorte, mas não quer dizer que você está fadada ao azar. O importante é não desistir. E ser mais cautelosa também ajuda. Tente reconhecer bem o terreno antes de se entregar de novo.

Passei a maior parte do meu tempo enfiada nos livros. Sempre sonhei em me realizar profissionalmente. Agora sinto falta de um namorado e não tenho nenhuma prática com homens. E já tenho 31 anos. O que faço?

Não deixe essa coisa da idade travar você. A conquista e a vida amorosa são coisas que se aprendem facilmente. Seja você mesma. Faça uma lista de suas qualidades. Preste atenção no que precisa mudar *e mude*, para se sentir mais bonita e segura. E saia de casa. O resto acontece naturalmente.

Não tenho medo de chegar numa mulher. O problema é que não sei conversar com elas: nunca sei o que dizer para iniciar uma paquera. Acabo dizendo coisas horríveis e passando uma imagem errada de mim. Como posso aprender como me portar?

Talvez o segredo seja parar de se preocupar tanto com o que dizer e relaxar mais. Você pode estar tentando parecer alguém que não é. Não tente imitar modelos. Deixe a coisa fluir naturalmente. Todo mundo tem gostos, preferências e opiniões próprias sobre as coisas. Tente falar das suas, sem se preocupar se vão agradar ou não. Assim você será original. As mulheres adoram homens autênticos!

Qual o conselho a dar a uma pessoa de 23 anos que nunca namorou? Tenho algum problema?

Claro que não. As coisas não acontecem de forma igual para todo mundo. Você ainda não encontrou a pessoa certa, mas ela vai aparecer. Só não vale ficar muito ansiosa, porque atrapalha. Esquece isso. Beije na boca que, quando você menos esperar, seu príncipe chega.

Amo, Mas Quero Paixão

Meu namorado é um cara muito frio. Não demonstra que gosta de mim e nem tem ciúmes. O que faço para ele ser mais atencioso comigo?

Diga isso para ele! Coloque *você* em primeiro plano! Quer que ele sinta a sua falta? Dê menos atenção, apareça menos. Se a geladeira não funcionar, é melhor você encontrar alguém que saiba demonstrar seus sentimentos o mais rápido possível. E tomar cuidado, porque às vezes a gente gosta tanto de um cara muito frio que acaba se conformando com a frieza.

Existe remédio para a rotina? Amo minha namorada, mas estamos passando por uma fase meio chata. Ficamos o tempo todo juntos e não fazemos nada de interessante. Antigamente só o fato de estar com ela já era interessante. Será que o amor acabou?

Todo mundo enfrenta a rotina, mas cada casal tem de tomar para si a responsabilidade de se livrar dela. E tem de ser uma vontade conjunta. Converse com sua namorada e juntos achem uma solução. Pode ser uma viagem, ou uma saída para um lugar diferente. Criem surpresas. Enfim, sacudam a poeira!

Amo meu namorado, mas não sinto paixão por ele como sentia por um cara com quem o traí. Como faço para colocar paixão no nosso relacionamento?

Você pode incrementar seu namoro com sexo, você pode aumentar a compreensão entre você e seu amado, você pode a cada dia sentir-se melhor com ele... Mas talvez não dê para viver nesse relacionamento o mesmo tipo de paixão que se viveu em outro. Cada amor é um amor diferente, e isso é uma coisa boa.

Namoro há quase um ano com uma menina muito fria. Quase não nos beijamos. Quando pergunto se ela gosta de mim, ela diz que não estaria comigo se não gostasse. Por que ela age assim?

Não se preocupe com as razões do comportamento dela e sim com os motivos pelos quais *você aceita* esse namoro. Vale a pena ficar junto de uma garota com essa natureza, que dá esse tipo de resposta ao seu questionamento? É muito difícil mudar as pessoas, ainda mais quando a gente aceita tudo delas.

Amor à Distância

O rapaz com quem eu ficava mudou de cidade e nos falamos pela Internet desde então. Acontece que fiquei com outro, numa festa na casa de uns parentes desse meu "ficante", e rolou a maior intriga. O pior é que eu ainda gosto dele.

Nada obriga você a ser fiel a um "ficante", ainda mais quando ele está em outra cidade, mas realmente não foi a atitude mais prudente ter ficado com alguém na casa da família dele. Se você gosta desse garoto de verdade, sugiro que mande um e-mail contando *a sua* versão da história. Não um pedido de desculpas, porque vocês não estão casados e ninguém garante que ele se mantém no celibato enquanto a relação está geograficamente inviável. Apenas deixe claro que seu interesse por ele não mudou, e que gostaria de recomeçar de onde pararam quando ele voltar para sua cidade.

Estou namorando há sete meses uma menina que mora na Espanha. Ela já veio para cá uma vez e pretendo passar as férias lá. Ela é bem rica e pode me visitar umas três vezes por ano. Será que temos futuro?

Namoro à distância é difícil, mas pode funcionar. O mais difícil é ser fiel à distância, sem fantasiar demais.

Ansiedade

Não consigo arranjar namorada. Toda garota que conheço diz que gosta de mim como amigo, e só. Onde é que eu erro?

A primeira coisa a fazer é não se criticar ou se culpar. Tente não demonstrar carência ou desespero. Tem hora que a gente precisa disfarçar um pouco a ansiedade. Se você não conseguir se convencer de que é capaz, *sexy* e bonito, que dirão os outros. Melhore um pouco sua auto-estima e siga em frente, sem pensar no que já passou. É difícil, mas não coloque a sua vida em função do sexo oposto. Tente descobrir o que está pegando na sua relação com elas. É a abordagem? É "grudação"? Relaxe, que vai dar tudo certo.

Só consigo ter orgasmos me masturbando. Acho que ando muito ansioso, tenho medo de falhar na hora H com uma mulher. Sei que tenho energia e fôlego, mas algo na minha cabeça não está bem.

Você não é o primeiro homem a ter medo de mulher e não será, infelizmente, o último. O que a maioria não tem você demonstra ter: coragem de assumir que algo na sua cabeça não está bem. Por que você não vai a um especialista conversar sobre esse problema e só depois se preocupa em transar com as mulheres? Dá para sair sem transar, não é? Você não precisa ficar sozinho enquanto resolve isso.

Por que eu não consigo fazer a minha namorada ter um orgasmo? Será que a culpa é minha?

A primeira coisa a fazer é fugir da palavra "culpa" quando estamos falando de sexo. Isso é mais difícil do que parece, mas não custa tentar. Descubra com sua namorada o que lhe dá mais prazer, tente coisas novas. Se nada funcionar, pode ser que ela tenha algum problema. Aí, o melhor é encorajá-la a procurar uma ginecologista.

Amigos, Amigos, Ficantes à Parte

Tenho uma grande amiga que gostaria de levar para a cama, mas tenho medo de perder a amizade se isso acontecer e acredito que ela pensa o mesmo. O que faço?

Você vai passar a vida lamentando o que deixou de fazer? Se os dois querem fazer sexo e são amigos, o que obriga vocês a destruir a amizade depois? O depois vai depender do antes (o que vocês já têm) e do durante (o que podem viver juntos). Se resolver não ir adiante, desencane e faça de conta que ela é um amigo. Se você conseguir.

Estou a fim da mesma mulher que meu professor da academia. Ele é mais velho que eu e sinto um certo respeito por ele, mas acho que a mulher está dando muito em cima de mim. Não sei se vai dar para agüentar.

Muita gente acredita que um amigo vale mais que uma namorada. *Mas o seu professor é seu amigo?* Se for só esse lance de respeito, você pode ter uma conversa franca com ele. E também existe um outro princípio: no amor, vale tudo.

Não consigo entender as mulheres. Uma amiga me ligou e me chamou para sair. Só que ela não foi ao encontro. Liguei de volta e ela disse que não quer me ver. E que eu a estava pressionando muito, e só por isso ela acabou me ligando! Dá para entender?

Não, não dá. Provavelmente ela está doidinha para sair com você, mas deve estar com algum grilo na cabeça. O melhor a fazer é fingir que não está ligando. Coloque sua amiga na geladeira, para ela parar de ser incoerente e jogar a culpa em você.

Fiquei com um amigo numa festa, os dois de porre. Quero muito continuar com ele. O que eu faço?

Ficar com amigo é fogo. Mas você tem de lidar com isso como se fosse com uma conquista qualquer. Não deixe que esse detalhe (o fato de vocês serem amigos) lhe deixe insegura. Vá se expondo conforme o interesse que ele demonstrar. Devagar e sempre. Se não der certo, afaste-se um pouco para curar a dor (e para não prejudicar a amizade também).

Meu sobrinho ficou com a mulher de quem eu estava a fim. Achei a maior canalhice da parte dele.

É natural que você fique chateado com a deslealdade do seu sobrinho, mas seja sincero: no lugar dele, entre um tio e uma mulher, você escolheria o tio? Lembre-se de que você estava só a fim dessa mulher, não havia um compromisso maior entre vocês. Agora que você já sabe como seu sobrinho funciona, mantenha suas mulheres longe dele.

B

Barraco

Minha ex-namorada não sai do meu pé. Nós nos conhecemos em uma sala de bate-papo na Internet. Agora, quando estou online, ela entra na sala e arma aquele barraco, dizendo que sou namorado dela e mandando todas as meninas pararem de falar comigo. Vê se pode?

Explique mais uma vez, e só mais uma, que o namoro de vocês acabou e que ela tem de refazer a vida dela. Não dê corda. Não brigue. Quanto mais você responder às provocações dela, mais ela vai continuar a tomar atitudes como essa. Às vezes demoramos a nos conformar com o fim de um relacionamento, mas o tempo passa. A sua parte é manter-se afastado.

Fico com um cara que tem uma mulher ciumenta pra caramba. Quando nos encontramos na night, ele não tira os olhos de mim. Fico vendo a hora de ela armar um barraco.

Existe um limite para se gostar de adrenalina e existe um tipo específico de mulher que consegue aprontar e não virar chave de cadeia. Você acha que se encaixa nessa categoria? Levar esse flerte para o próximo nível pode trazer mais dor de cabeça do que satisfação. Talvez se afastar um pouco do contato visual resolva. Se não, encontre a melhor maneira de não ser pega. Lembre-se de que ninguém é tão irresistível quanto parece.

Tenho um filho pequeno com meu ex-namorado. Ele sempre foi muito galinha, mas eu aturava, porque achava que ele ia mudar. Não mudou. Fiz um escândalo, bati nele e nela e o proibi de ver o menino. O problema é que ainda gosto muito dele.

Filhos precisam de pais adultos. Você não pode proibir uma criança de ter pai. Não dá para bater no pai do seu filho porque ele é infiel *sendo que você sempre aturou as infidelidades antes*. Tente limpar a área. Se não der para conviver com o pai do seu filho, deixe o bebê na casa de alguém da sua família ou da dele, para que ele possa ver a criança de vez em quando. Seja madura, uma mãe e mulher legal, para haver alguma chance de vocês voltarem. Se não, qualquer outra mulher vai levar vantagem. Depois que você aprender a administrar essa situação, tudo vai ficar mais fácil, acredite.

A ex do meu paquera é muito inconveniente e insistente, mas não quero perder as estribeiras com ela. O que eu faço?

Seja gostosa em particular e ostensivamente carinhosa em público. Ignore a megera. Sei que é difícil, mas ou é isso ou é meter a mão na cara dela (e não é qualquer homem que gosta de mulher "barraqueira"). Confie no seu taco.

Bem-me-quer, Malmequer

Tem um cara no trabalho que às vezes me dá mole e às vezes não está nem aí para mim. Já saímos uma vez e foi maravilhoso. Chamei-o para sair outro dia e ele recusou. Qual é a dele?

Nem ele deve saber. Deixe esse cara para lá. Dê uma geladeira. O importante é fingir que não está nem aí e não correr mais atrás. Pode ser que ele se decida, pode ser que não, mas você tem sempre a chance de arranjar outro.

Errei muito com minha mulher, reconheci isso, e por causa dos meus erros ela ficou confusa. Não que ela tenha me traído, mas não me ama da mesma forma. Propus que a gente tirasse uns dias para ficar junto e, se as coisas não melhorarem, que a gente desse um tempo. Agi bem?

Sua atitude foi de uma maturidade e valentia rara entre homens. Às vezes falta lucidez e sensibilidade ao homem quando comete erros graves com a mulher. Procure reconquistá-la, mas não se anule. Você já reconheceu seus erros, não precisa ficar batendo no peito "minha culpa, minha culpa", porque mulher não gosta de exagero. Nós podemos ser exageradas, mas isso não significa achar legal que os homens sejam.

Como saber se o homem que eu amo me ama também?

Prestando atenção no que ele faz, no que ele fala... e no que ele pensa que seja o amor. Cada pessoa tem um padrão original de amor: o que é uma atitude amorosa para você pode não ser para ele. Tente conhecê-lo que a resposta fica mais fácil.

Gosto de um rapaz há 10 anos. Ele sabe dos meus sentimentos, diz gostar de mim também, mas nunca tivemos nada sério, só ficamos algumas vezes. Acho que ele tem medo de assumir um compromisso. Não suporto a situação de ser amiga do homem que amo, mas não consigo ter uma conversa franca com ele com medo da resposta. Será que ele gosta mesmo de mim?

Dez anos é muito tempo para ficar na dúvida, não é? Pode ser que ele goste de você, pode ser que tenha medo de compromisso – mas isso não muda a sua situação, que é a de uma mulher deixando a vida passar por causa de um homem com quem fica de vez em quando. Você deve avaliar se vale a pena continuar investindo seu tempo em alguém que não se decide. Quem sabe funciona se você se afastar por uns tempos? Para ele se decidir ou para você esquecê-lo.

Como posso fazer para ver se minha namorada gosta mesmo de mim? Estou com dúvidas em relação ao nosso amor.

Gostar depende muito de estilo. De repente, o jeito de ela gostar não é o mesmo que o seu. Se você quer mais, ou quer que ela demonstre mais, esclareça suas necessidades. Considere, porém, que ela pode gostar muito de você, só que de uma forma completamente diferente da sua. Cabe a você decidir se isso é o bastante.

Brincar com Sentimentos

Mudei demais minha rotina por causa de meu namorado. Agora acho que sinto só carinho por ele, mas tenho medo de afastá-lo se disser isso, pois gosto dele. O problema é que sinto muita vontade de traí-lo. O que devo fazer?

O fato de gostar dele não quer dizer que o ama. Continuar uma relação fadada ao fracasso como essa não vale o esforço. Tente conversar com ele. Mostre o quanto sua amizade é importante, mas mostre também que você quer seguir em frente.

Ficamos algumas vezes. Depois, eu liguei para ele e marcamos de sair, mas ele não apareceu. Liguei de novo, ele disse que teve um problema, pediu desculpas. Marcamos de novo, outro bolo. O que eu faço?

Só você pode saber se esse rapaz está brincando com os seus sentimentos, se divertindo com a idéia de ter você na fita ou se está realmente a fim. Pense que, se ele estivesse a fim *de verdade*, sairia com você – e não ficaria só marcando encontros para não comparecer. Experimente ficar uma semana sem ligar para ele e sair com seus amigos e amigas. É a única maneira de saber o que realmente está acontecendo e tomar uma posição.

Estou namorando um rapaz que tem 13 anos a menos do que eu. Sinto que ele está cada vez mais ligado em mim e eu apenas estou curtindo muito estar com ele. Não quero feri-lo, mas também não quero parar de sair com ele.

Tente fazer com que ele perceba qual é a sua intenção. Não deixe que ele se iluda. Mostre que vocês estão curtindo uma coisa legal juntos, mas que não é tão sério quanto ele está imaginando.

Há muito tempo meu namorado me trai e não consigo fazer com que ele seja fiel. Ele diz que vai parar de me magoar, mas não pára.

Por mais difícil que seja aceitar, não dá para mudar a natureza das pessoas. Seu namorado só pode tomar essa decisão por conta própria. O que você pode fazer é se afastar dele, encontrar novos interesses, freqüentar outros círculos. Não dá para deixar que sua felicidade dependa de estar com alguém. Muito menos nessas condições.

Estou apaixonado por uma mulher que tem um rolo com um cara casado e não consegue largá-lo. Ela me deixa no banco de reserva: quando ele não comparece ou manda mal, me chama. Será que vou perdê-la?

Esse perigo você não está correndo porque ela ainda não é sua para perder. Ela está, no mínimo, mal-acostumada e brincando com seus sentimentos. É melhor você dar uma geladeira nela para ver como as coisas rolam. Não dá para ficar à disposição de alguém que está à disposição de outro cara. Enquanto isso, experimente sair com mulheres menos comprometidas com a infelicidade constante. Só para variar.

Faz tempo que ele disse não gostar de mim como mulher, mas vive me procurando para conversar. Ele sabe que eu gosto dele. O que posso fazer?

Se ele não gosta de você, não há muito o que fazer. Você pode tentar conquistá-lo, puxar um papo, dar umas indiretas. Sutilmente, é claro. Mas talvez seja melhor encontrar alguém que corresponda a seu sentimento.

Meu ex-marido diz que não me ama mais, mas, toda vez que vem ver nossa filha, não tira os olhos de mim. Qual é a explicação?

Parece que ele é do tipo que se joga e recua – meio indeciso, no mínimo. Pode ser também que ele esteja brincando com você, que não queira continuar casado, mas queira manter você na expectativa. Está conseguindo, pelo visto.

C

Chefe

Saí com meu chefe, rolaram uns beijos, mas no dia seguinte ele não ligou. Faço o quê?

Nada. Fique na sua, parada, espere o movimento dele. Se ele vier e você quiser beijar de novo, beije; mas não cobre atitudes, telefonemas, nem discuta o futuro da relação. Beije e pronto. Você quer mais do que isso? Seja misteriosa, charmosa, sorria – *e não beije*. Em hipótese alguma corra atrás. O risco de você perder os beijos e o chefe é grande. Saiba primeiro qual é a dele.

Estou paquerando uma mulher no trabalho que é praticamente minha chefe. Dei um jeito de pegar o telefone dela. Liguei e já deixei três recados na secretária eletrônica. Também já dei meu telefone para ela. A última coisa que fiz foi convidá-la para almoçar, mas ela disse para deixarmos para outro dia. O que mais devo fazer?

Nada! Chega! Quer que ela se interesse por você? Dê menos atenção, apareça menos, cuide mais de seus próprios interesses e da sua própria vida. É um equívoco pensar que ela vai se interessar por você só porque você fica aos pés dela. Aí, depois, vá conhecendo o que ela gosta, para saber como conquistá-la, e pronto. Boa sorte!

Chegar junto

Será que vale a pena se declarar para um amigo? Às vezes ele dá bandeira de que está a fim, às vezes fica indiferente. Como saber se ele está a fim (sem perguntar, é claro)?

Não existe uma maneira de saber se um amigo está a fim da gente sem correr o risco de ser rejeitada. Principalmente porque ele pode estar interessado, mas ter medo de se envolver: aí, quando você der uma direta, ele vai lhe rejeitar *do mesmo jeito que o faria se não estivesse a fim*! Existem algumas táticas: você pode criar uma situação de proximidade e esperar para ver o que rola. Você pode se declarar a fim – mas tem de ser uma coisa leve e muito charmosa, nada de "estou apaixonada, não vivo sem você", para não assustar o rapaz.

Como eu conquisto o coração de uma garota que me vê como irmão? Não quero ser irmão de mulher nenhuma. Por que elas têm essa mania de irmãozinho?

Nem sempre é ruim uma mulher demonstrar esse carinho e intimidade por um homem. Pode haver uma atração por trás disso. Mulheres são bem diferentes dos homens. Você deve aproveitar essa brecha que ela dá e ir ganhando mais terreno, até dar o bote. Tem grandes chances de dar certo.

Estou a fim de uma amiga minha, mas tenho pouco tempo para conseguir alguma coisa porque vou mudar de cidade. O que eu faço?

Bem, se você está se mudando para longe, não há absolutamente nada a perder. Muito menos tempo. Você tem de chegar junto – diretamente ou não, a escolha é sua. Se ela quiser ficar com você, maravilha. Vocês aproveitam o tempo que ainda têm e depois podem namorar à distância. Se ela não quiser, nem vai ficar um clima ruim, já que você vai se mudar. Vá à luta!

Estou muito a fim de um cara que tem namorada. Acho que ele também está a fim de mim. Não sei se vou em frente ou se recuo.

Não eleve muito suas expectativas. Quer dar uns "pegas"? Todo mundo quer. Não se incomoda com o fato de ele ter namorada? Então vá em frente, se ele também for. Mas não se esqueça do compromisso do cara e *não pense em nenhum momento que ele vai trocar de namorada.* Se você agüentar esse tipo de onda, apenas se divirta. Se não, pare com isso já.

Trabalhamos perto (não juntos). Ele me deu uma carona, pediu meu telefone, mas não anotou. Será que tem problema convidá-lo para sair?

O que você conheceu do jeito dele em relação a mulheres audaciosas? Tem homem que adora, tem homem que sai correndo. Por que você não tenta uma abordagem meio a meio, como passar o telefone ou armar uma situação para vocês ficarem juntos, mas sem dar chance para ele ficar com medo?

Estou muito a fim de uma mulher recém-separada. Não sei como ir adiante, porque ficamos algumas vezes, mas ela diz que precisa de um tempo.

Se ela está precisando desse espaço, é melhor você se afastar, pelo menos por enquanto. Você se apaixonou e, mesmo que ela esteja interessada por você, deve entender que ela passou por um bocado de mudanças. Exponha seus sentimentos e espere uma aproximação dela. Mas nesse período fique afastado *mesmo*, como amigo e como pretendente.

Chifre

Tive um caso extraconjugal, e agora não consigo me sentir bem com meu marido. O que devo fazer?

Infidelidade é uma coisa que dá trabalho e complicação. Amor e medo não combinam. Você quer manter o marido ou acha que não dá mais? Consulte seus sentimentos, você não é obrigada a fazer o que não quer. Lute por sua felicidade.

Sou casada, quero trair meu marido, mas morro de medo de ser descoberta. Como eu faço?

Não existe uma receita para trair e não ser descoberta. Tente não fazer coisas que representem aborrecimento e punição para você. Não é necessário.

Meu marido me traiu e pensar nisso está quase me levando à loucura. O pior é que tenho medo de que, se perdoá-lo, ele fique mal-acostumado. Ao mesmo tempo, não sei se tenho forças para deixá-lo.

Não fale em loucura nem brincando. Você está magoadíssima, pronto. Traições não são imperdoáveis, acontecem. Mas se são transformadas em padrão, tem de haver um jogo de cintura fenomenal para segurar essa onda. Tente viajar, afastar-se um pouco dessa situação. Chame uma amiga, sem entrar em detalhes sobre os motivos do sumiço, se você conseguir. A palavra de ordem agora é reorganizar coração e mente. Não entre nessa de não conseguir deixá-lo. O tempo transforma qualquer marido inesquecível em passível de pensão. Tire um tempo para você, sem falar de separação ainda.

Minha namorada me traiu. Ela parecia me amar tanto, eu não esperava isso. Acho que nunca vou me conformar. Por que as mulheres são tão falsas?

Sem essa de que não vai superar. Todo mundo já passou por isso, ninguém tem exclusividade neste setor. Vai demorar um pouco, é normal estar desconfiado agora. Mas não entre numa de "nenhuma mulher presta", porque mulher é bom demais e a vida é muito curta.

Fui traída. Não acho que tenha sido importante para ele, mas não queria que ele tivesse me contado. Agora que sei, meu ego nunca vai me deixar continuar esse namoro. Será que existe uma solução?

Aí é com você. Se você acha que realmente não foi importante e ainda o ama, talvez valha a pena engolir o orgulho. O importante é saber se ele a ama e se não vai fazer de um fato corriqueiro uma rotina. A ferida o tempo cura.

Eu e minha namorada fizemos um juramento de nunca trair um ao outro. Só que dei uma escorregada feia: transei com a melhor amiga dela. E pior, quero fazer de novo. Mas não quero terminar minha relação, amo minha namorada.

Esse negócio de promessa é furada; mas que essa situação é realmente desleal com a sua namorada, é. Se você a ama, o melhor a fazer é esquecer essa história. Será que a vontade de repetir é insuportável? Se for, é melhor você ter certeza do que quer. Pode ser alguma insatisfação sua ou só uma vontade (que dá e passa).

Sou casada. Estou apaixonada por um homem casado também que mora longe, só nos falamos por telefone. Penso nele a todo momento. Isso está me pondo doida, porque meu marido pode descobrir e não vai gostar de ser chifrado. O que devo fazer?

Fantasias e sonhos são coisas muito boas, mas começam a atrapalhar quando usadas para não enfrentar a realidade. O que está pondo você doida? Pensar o tempo todo em alguém que você não pega, não vê, só fala por telefone? Ou se preocupar com a reação do seu marido aos seus telefonemas? Tecnicamente, conversar ao telefone não é chifrar alguém – e ninguém pode impedir que a gente se apaixone, estando ou não casada como você. Procure esclarecer seus sentimentos para fazer a escolha que lhe faça mais feliz.

Chorando de Barriga Cheia

Sou jovem, bonito, não me falta mulher, mas só fico com as balzaquianas. Não é que elas não sejam legais, mas sinto falta de sair com garotas da minha idade.

Uns com tanto, outros com tão pouco. Você não está reclamando à toa? Qual é a questão? Tem alguma garota específica que você não consegue conquistar? Freqüente lugares de gente da sua idade. Essa coisa de só ficar com balzaquianas deve ter acrescentado experiência ao seu charme. Vá à luta!

Sou louca por meu namorado. Tenho também um caso com um homem casado que me mata de prazer. A mulher mora no exterior, ele fica muito comigo, mas morro de ciúmes. Será que sou complicada?

Será?!! Você tem dois homens amando-a e uma rival em outro continente, está chorando de barriga cheia, não está não? Tente administrar suas paixões, para não cair na tentação de transformá-las em fonte de aborrecimento.

Confusos

O que está acontecendo com os homens? Os mais jovens são metidos, e os da minha idade estão atrás de garotas bem mais novas.

É verdade que tem muito cara novo sem disposição e cheio de pose para pouco serviço. É verdade também que tem muito cara mais velho querendo sair com mulher mais nova para se afirmar. Tem de tudo. Até os bem resolvidos, que não se encaixam nessas categorias (ainda há salvação). É uma questão de manter as antenas ligadas e os olhos abertos. Sem preconceitos.

Tenho 13 anos e sou apaixonado por uma garota que estudou comigo. Escrevo sempre para ela, mas ela diz que não quer me namorar porque está confusa. O que isso significa?

Estar confusa significa, provavelmente, que ela gosta que você esteja apaixonado e demonstre isso, mas não está a fim ou não está preparada para fazer o mesmo. Uma sugestão: dê um espaço entre as cartas, diminua a demonstração do seu amor. Diga que você está começando a ficar confuso com a confusão dela. O risco de perder um fã como você talvez esclareça os sentimentos da garota.

Eu me apaixonei por um homem bem mais velho, mas ele acha que não vou conseguir levar esse namoro adiante por causa da idade dele. Essa decisão não deveria ser minha?

A idade pode ser um problema quando, por exemplo, a menina tem 15 anos e o cara 19, porque geralmente os interesses são diferentes. Mas à medida que vamos ficando mais velhos esse conflito tende a desaparecer. Converse com ele e veja as possibilidades de levar esse romance adiante. Ele pode estar com medo de sofrer ou de ser ridicularizado pelas pessoas.

Sou bem casado. Pulei a cerca poucas vezes, mas ano passado conheci uma mulher com quem me envolvi muito. Ela terminou, e acabei contando tudo para minha esposa. Por que não consigo esquecê-la? Por que contei para minha esposa? Por que tenho vontade de largar tudo? Por que estou tão confuso?

Talvez ela seja inesquecível. Talvez você tenha contado para sua esposa ajudá-lo a se sentir culpado ou ajudá-lo a esquecê-la. Talvez você tenha vontade de largar tudo porque está apaixonado. Tente conhecer melhor seus sentimentos. É mais fácil fazer escolhas em direção à felicidade quando a gente se conhece bem.

Estava namorando havia um ano e decidi ir estudar no exterior. Fiquei lá dois anos. Voltei totalmente mudada. Reencontrei meu ex-namorado e estou muito confusa. Sinto algo por ele, mas não sou mais quem ele conheceu.

Provavelmente ele também não deve ser mais a mesma pessoa que você conheceu, mas vocês ainda devem ter coisas em comum. Se você acha que ainda existe algum sentimento entre vocês, não custa nada tentar. Mas comecem do zero. Encarem como um novo relacionamento. As mudanças podem ter sido para melhor.

Coleira

Meu namorado é doente de ciúmes, me liga o dia inteiro para saber onde estou e com quem; o que faço ou deixo de fazer. Como fazê-lo entender que não gosto disso?

Ciúme tem seu charme. Paranóia, não. Se seu namorado fica inseguro de vez em quando, tente colocar de maneira direta que ele é único e que esse comportamento não tem razão de ser. Repita quantas vezes forem necessárias, mas não deixe que ele se sinta no direito de controlar sua vida só porque tem medo de perdê-la.

Meu namorado me avisou desde o início que não suporta coleira, mas às vezes ele sai na sexta e só aparece no domingo. E se eu reclamo, diz que fico em casa porque quero!

Qual é a desse cara, hein? Independência entre casais, espaço próprio, tudo bem; mas isso já é folga em excesso. Dê um gelo até ele melhorar 2545%, ou faça o que ele defende. Deixe-o correr atrás agora e *vá você* se divertir.

Namoro um cara casado que não gosta que eu saia nos fins de semana, dance e me divirta sem ele.

Acho que você está dando muita trela para esse cara. Ele volta todo dia para a esposa, não é? Está funcionando para você esse esquema? Porque se não estiver, é melhor que ele se decida; e aí você vai ter de lidar com o fato de ele não gostar que você tenha uma vida paralela.

Minha namorada é extremamente possessiva e controladora. Chega a me dar medo! O que devo fazer?

Colocar limites imediatamente. Não tem sentido dar corda para comportamentos negativos como esses e, se você não os corta, até se afastando quando ela age assim, quais são as chances de ela melhorar? Nulas. Não dá para viver com medo de quem se ama.

Sei que meu namorado é fiel; mas às vezes não consigo evitar umas cenas de ciúmes, porque fico insegura.

Tente se controlar para não se tornar cansativa. Quando a insegurança bater forte, assuma de forma charmosa. Admitir sentir ciúmes é uma coisa que pode ter seu charme, se for feita de vez em quando. Cuidado para não perder um amor por causa de bobagens.

Conheci minha namorada na Internet e ela tem ciúmes dos meus amigos e das minhas ex.

No dia-a-dia, você gostaria de estar com alguém que vive pegando no seu pé? Amor não combina com excesso de controle. Coloque limites agora ou não se queixe depois.

Meu namorado tem 33 anos e eu tenho 18. Só porque ele é bem mais velho acha que não tem de me dar satisfação nenhuma, mas que pode me cobrar tudo o tempo todo. O que faço para mudá-lo?

No amor é importante uma boa comunicação. É importante também colocar limites. Seu namorado não pode agir como se fosse seu dono. Converse com calma, mas interrompa essa situação. Atenção: não se mudam pessoas, mudam-se situações.

Acho que estou sendo traída pelo meu marido. Ele diz que sou muito ciumenta e que não precisa de outra, já que o realizo por completo. Mesmo assim estou cismada. O que faço?

Confie no seu taco e pronto. É a maior furada ficar tentando controlar marido como se a qualquer momento ele fosse fazer uma besteira. Daqui a pouco ele vai entrar numa de levar a fama e deitar na cama. Preste atenção. Respire fundo, medite, dê um jeito, mas saia dessa.

Minha namorada tem ciúmes de minha coleção de revistas masculinas. Disse para eu escolher entre as revistas ou ela. O que faço?

Tranqüilize-a. Mostre que o fato de você possuir uma coleção dessas não quer dizer que você não a ame, nem que deseje outras mulheres mais do que ela. Se o ciúme continuar (porque isso deve ser ciúme) você precisa escolher entre impor limites – ter a coleção é um direito seu – ou guardar as revistas. Tudo vai depender do seu estilo de lidar com esse tipo de atitude.

Cilada

Terminei há três meses com meu namorado. Ele é uma pessoa cheia de problemas, mas acho que meu amor pode superar essas dificuldades. O que faço?

Você precisa saber *se ele quer* ser mudado. Amor não é remédio e namorada não é para consertar ninguém: é para amar, para curtir a vida. Estimule, como amiga, que ele supere suas dificuldades e talvez você consiga, mais tarde, um relacionamento melhor com ele.

❤

Meu namorado bebe muito. Fiquei sabendo que numa festa ele deu em cima de várias meninas. Só que ele não se lembra de nada que faz quando bebe! Será que estou correndo risco de pegar AIDS?

Seu namorado tem uma doença. E você não pode ficar doente também. Claro que a situação é arriscada! Drogas são sempre uma coisa perigosa, e álcool é droga. Usuários perdem o controle, se envolvem em confusão, podem colocar você em confusão... É sempre bastante complicado. Enquanto ele não sair dessa, é melhor você tomar muito cuidado. E usar camisinha sempre.

Me tornei amiga da mulher do meu amante. Agora não sei o que fazer, porque tenho medo de que ela descubra tudo.

O problema foi você deixar ela se aproximar e virar amiga. Ser amiga dela é encrenca na certa. Ela pode descobrir, é verdade, mas vocês podem acabar também — e aí você ganha dois inimigos. O melhor a fazer é se afastar dela, pelo menos por uns tempos.

Gostaria de entender o que leva um homem a primeiro lutar para conquistar uma mulher e depois fugir, usando de pretextos, não conversando, não atendendo ao telefone e falando mal dela.

Homem que fala mal de mulher que conquistou é cilada na certa. Não importam os motivos dele para agir assim. Mulher deve fugir de homem desse tipo usando pretextos, não conversando, não atendendo ao telefone. Faça isso que o astral melhora.

Correr Atrás

Ele insistiu para eu transar com ele. Transei, foi ótimo. Agora às vezes ele fala comigo direito, outras não. E ainda disse para os meus amigos que eu é que não ligo para ele!

Não adianta complicar mais essa história. Opção um: diga com todas as letras que gosta dele e que o fato de vocês não estarem juntos lhe deixa triste. Segunda opção: dê uma geladeira de verdade nele, porque esse cara conversa demais com os outros sobre você. Independentemente do que faça, é preciso que você não fique rondando em torno dele, porque isso lhe coloca em desvantagem.

Não consigo viver sem ele e ele não me quer mais. Estou desesperada. O que eu faço?

Primeiro: corte essa de não conseguir viver sem o cara. Ninguém pode ser tão importante assim. Amor e desespero não combinam.

É difícil aceitar que alguém que a gente ainda ama não ama mais a gente, mas não adianta correr atrás. Tente encontrar novos interesses. Não ligue, não procure o cara, dê um tempo mesmo. Depois, se ainda estiver disposta a tentar, converse com ele sobre as razões da separação de vocês. Mas sem pedidos, nem cobranças. Coloque-se como prioridade e ele (ou outro) o fará também.

Conheço um cara há anos, e sempre tive uma "quedinha" por ele, e ele me dava a maior bola, mesmo quando estava namorando. Hoje estou sozinha e me dá uma vontade louca de ir atrás dele. Devo investir?

Dê indícios claros de que você deseja algo mais. Crie uma situação que não deixe dúvidas do seu interesse, mas não exagere, nem faça isso uma vez só. Mais do que isso é correr atrás, talvez até fazendo diminuir o interesse. É claro que todo mundo corre atrás de alguém de vez em quando, mas a gente nunca sabe o que funciona ou não funciona com os outros.

D

Discutir Relacionamento

Quando eu e minha namorada discutimos, não tenho coragem de responder a ela. O que devo fazer?

Em um relacionamento, ambos temos de nos fazer ouvir. Não podemos deixar nem que um, nem que o outro mande na relação. Portanto, converse com ela e seja ríspido quando tiver de ser. Não abafe seus sentimentos por amar uma pessoa e não querer confusão com ela. Se algo não estiver legal, mostre. Não cometa o mesmo erro que as mulheres cometem há séculos.

Minha mulher me trata como se fosse minha mãe. O que fazer?

Faça uma lista das atitudes maternais dela e proíba imediatamente todas elas. Agora. Ela pode estar agindo inconscientemente, mas você sabe que esse comportamento vai prejudicar vocês. Não adie essa conversa.

Minha namorada é muito dependente de mim. Não sai sozinha, esqueceu os amigos, não tem vida própria. Por que ela faz isso? O que fazer para convencê-la a mudar?

O máximo que você pode fazer nesse caso é dizer com jeito, mas com clareza, que essa dependência não é legal para o relacionamento e que isso lhe incomoda. A decisão de mudança é dela.

Namoro uma garota há muito tempo. Porém, agora ela só me procura para fazer amor e alega estresse no trabalho para não ficar comigo. Como fazê-la entender que também quero romance e carinho?

Diga isso para ela com clareza. Homens podem odiar discutir, mas mulheres costumam se gabar do contrário. Defina o que você deseja e lute por isso. Lembre-se de que homens sensíveis e abertos ao amor são antigas reivindicações femininas. Não vai adiantar nada para os dois se você incorporar o pior defeito das mulheres: o de sofrer em silêncio.

Meu namorado anda trabalhando muito e nunca tem tempo para mim. Não saímos mais; estou sempre em casa ou fazendo programas sozinha. Eu o amo, mas quero poder me divertir (de preferência com ele ao meu lado). Já conversamos sobre o assunto, mas parece que ele não entende o que digo.

É provável que ele não entenda. Algumas pessoas se envolvem tanto com o trabalho que ficam meio viciadas. Se essa situação está lhe fazendo mal, talvez seja o caso de você dar um tempo nesse namoro (que na prática não existe, porque ele não tem tempo). Talvez assim ele compreenda que precisa mudar. Mas não discuta ou ameace. Faça. Pode ser que a situação mude, ou pode ser que você arranje outro amor.

Meu namorado não ouve o que eu digo, apesar de o nosso relacionamento não andar bem.

Relacionamento não se discute, relacionamento se faz, se curte, se constrói. Veja o que dá para mudar e mude. É provável que ele se reposicione em relação ao que você fizer. Se nada mudar, deixe claro o que você quer. Se não adiantar, talvez seja o caso de trocar de namorado.

Sou casada há três anos e brigamos muito quando ele sai com os amigos. Quando ele chega, quero discutir nosso casamento. Será que sou chata?

Mais chato para um homem do que mulher ciumenta só discutir relacionamento. Não dá para você sair com uma amiga, prima, cunhada, se divertir um pouco sem ele? A sua diversão e a cerveja dele podem conviver numa boa? Não dá para você deixar de discutir o relacionamento? Homem odeia isso. Se você passar a sair sozinha e parar de discutir, talvez ele também melhore. Casamento, para dar certo, dá trabalho.

Eu e meu namorado estamos vivendo uma fase meio conturbada. Ele me cobra ser "mulher", ter atitudes diferentes, mas eu já fiz tudo que ele me pediu para fazer. Só que a cobrança não pára. O que faço?

Todo relacionamento passa pela fase da rotina. Ele já deu o alerta. Talvez você ache que está fazendo tudo o que ele "pediu", mas não está. Repense a situação e tire lá do fundo a vontade de melhorar as coisas entre vocês, se o namoro vale a pena. A comunicação, não só em palavras, é muito importante nessas horas.

Demissão

Sou infeliz com minha mulher, mas acho a separação impossível, porque não tenho mais idade para correr riscos ou enfrentar solidão.

E para continuar infeliz, você tem idade? Casamento não é emprego ruim, idade não é invalidez e infelicidade crônica não dá! Risco existe até em atravessar a rua. Termine esse suplício e seja feliz!

Não quero mais ficar com ele, mas não consigo me livrar, porque ele não aceita minhas desculpas para não sair, telefona todos os dias, me sufoca.

Diga que não quer, ponto. Não invente desculpa que é pior. Seja firme, não atenda ao telefone, seja seca quando encontrá-lo. Não precisa comprar um inimigo, mas também não continue com um cara de que não gosta só porque ele não sai do seu pé. É melhor do que enrolar o cara!

Não sei como dizer para minha mulher que não quero continuar junto.

Demissão é sempre difícil, mas não tem jeito. Aja com delicadeza. Liste as qualidades dela, não a culpe, mas diga que nesse momento é melhor para você se separar.

Diferença

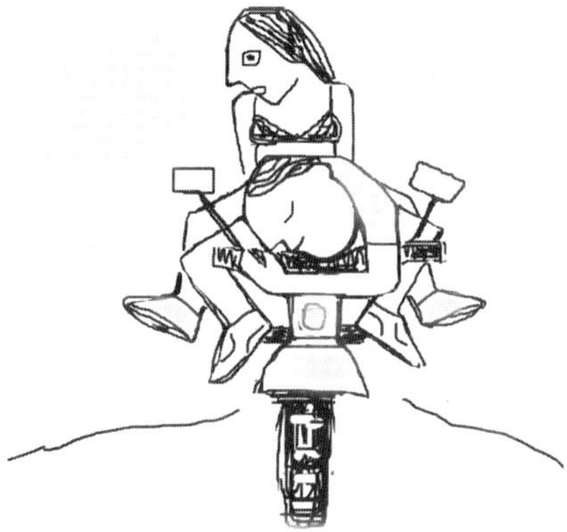

Por que os homens têm medo de demonstrar seus sentimentos?

Existem os homens que gostam de se mostrar durões, sem demonstrações muito melosas de afeto. Outros se mostram românticos e demonstram quando estão apaixonados. Não generalize, procure o homem que lhe agrada mais.

Minha namorada me deixou por ciúmes de minha motocicleta. Dizia que eu gostava mais da moto do que dela. Realmente sou louco pela moto, mas gosto dela também. O que eu faço?

Será que você não deixou rolar esse ciúme? Talvez você esteja acostumado a se dedicar demais à máquina, como outros homens se dedicam em excesso ao trabalho. Se deseja mesmo a namorada de volta, cabe a você dizer o quanto ela é importante e valorizar mais os momentos juntos. Diga que a motocicleta é apenas uma válvula de escape para seus problemas ou um *hobby*; que ela, sim, é indispensável na sua garupa. Poucas coisas não se resolvem com a declaração de amor certa.

Sou um quarentão que namora uma menina vinte anos mais nova. Tenho medo de que a paixão dela passe e eu possa sofrer. É comum o relacionamento com pessoas mais novas?

Os relacionamentos entre pessoas com idades diferentes, principalmente entre homens mais velhos e mulheres mais novas, são bastante comuns em nossa sociedade. Quanto à paixão da moça: no amor, nada temos como garantia. Viva e curta esse momento sem grilos com o futuro.

Tenho 30 anos, mas gosto de um homem de 53! Tenho receio quanto a essa diferença de idade. Mas ele tem qualidades que nunca encontrei em outro homem. Devo levar esse romance para a frente?

O que significa levar o romance adiante? Arriscar, amar, curtir tudo o que vocês têm direito? Ou significa se comprometer a ficar junto em qualquer circunstância, mesmo nas muito ruins? Você não precisa definir isso agora (e não deve, porque a dúvida indica que ainda não é o momento de tomar uma decisão). Tente viver o presente e deixe que o próprio relacionamento defina até onde você quer ir.

Amo minha namorada, mas tenho uma certa vergonha dela. Ela é muito burrinha! O que fazer?

Burra ou ignorante? Porque ter limitações para aprender certas coisas ou para lidar com algumas áreas de conhecimento (como mexer com aparelhos eletrônicos e entender de mecânica de automóveis ou de informática) não é burrice. Por outro lado, você tem todo direito de amar alguém que não seja inteligente. Ninguém é "burro" em todas as áreas do convívio humano.

Duro na Queda

Tenho 18 anos, namoro há quatro um homem dez anos mais velho. A gente praticamente mora junto e ele não quer casar.

Você quer casar? Peça um tempo, vá conhecer outros caras, quem sabe ele se manca ou você descobre alguém com menos resistência a se casar. Você começou esse namoro muito nova, pode ser que precise de outros horizontes antes de se comprometer. A desvantagem da inexperiência com outros caras é sua. Mas a desvantagem de idade é dele. Um pouco de medo de perder costuma amolecer gente dura na queda.

Meu ex parece que ainda gosta de mim, manda uns olhares, mas acredita nas fofocas a meu respeito.

Homem que escolhe voltar ou não para mulher em função de fofoca dos outros é homem complicado. Ainda mais com essa história de olhar e não pegar! Tem certeza de que não tem um futuro namorado ou pelo menos um ficante apresentável por perto?

Meu namorado acha que ele é a única pessoa que presta no mundo. O resto é tudo gente podre, inclusive eu. Gosto dele, mas não agüento essa prepotência. O que eu faço?

Saia fora rápido enquanto você tem esse senso crítico. O problema de se manter com gente que não respeita os outros é que, a longo prazo, isso pode nos convencer ou nos contaminar. Não se mudam os sentimentos dos outros. Você não é mãe dele para reeducá-lo. Mas você pode mudar *os seus* sentimentos e seguir em frente.

E

Entre Dois Amores

Estou muito envolvida com um homem casado, mas ele erra muito comigo e depois faz de conta que não aconteceu nada, não quer conversar. Minha auto-estima fica no pé. O que eu faço?

Disputar um homem dividido entre dois amores, sendo um deles um amor de casamento, é muito difícil. Acho que você deve tentar se aproximar dele quando estiver se sentindo bem, porque homem não gosta de discutir relacionamento e cometer esse erro é o que mulher com auto-estima baixa mais faz. O ideal seria você disputar de perto e de longe e, principalmente, sair com outras pessoas, se distrair, ter vida própria. Quem vai se interessar em largar uma esposa por uma outra que vive choramingando ao lado do telefone esperando migalha? Fique por cima da carne-seca que suas chances são maiores.

Estava muito bem com meu namorado, até reencontrar meu ex num congresso do trabalho. Acabamos passando a noite juntos. Nós nos falamos ao telefone depois várias vezes. Acho que ele está tentando me reconquistar e eu estou bem mexida. Não sei quem eu quero.

É realmente muito difícil estar entre duas pessoas. Nessa situação, o melhor a fazer é ouvir a sua razão e o seu coração, ao mesmo tempo. É necessário refletir com quem você se sente melhor, mais confortável, e com quem existe uma conversa melhor. E também com qual deles você se imagina tendo um relacionamento mais sério. Coloque na balança sinais como coração batendo mais forte e vontade de se encontrar, mas não pense demais.

Eu era infeliz com meu marido. Apaixonei-me por outro homem, casado como eu, e me separei, mas não agüentei a barra: voltei para casa. Meu casamento melhorou muito, mas não consigo largar o outro, nem consigo deixar de sentir peso na consciência.

No amor, nem sempre dá para seguir a consciência, e na vida, nem sempre dá para se guiar pela paixão. Você voltou para seu marido porque não foi possível viver sozinha. Da mesma forma, não consegue ficar sem o outro. É difícil, mas talvez valha a pena você se exigir menos e esperar até que as coisas fiquem mais claras a respeito do que você quer e do que precisa.

Esquecer

Faz 5 meses que minha ex-namorada terminou comigo, mas não consigo esquecê-la. Durmo com uma mulher a cada noite e sei que tem uma fila delas querendo me namorar. Mas só penso na ex.

Continue tentando. Talvez seja melhor selecionar em vez de dormir com qualquer uma todo dia. Será que você está tentando esquecê-la mesmo? Talvez funcione mais se você der atenção a mulheres interessantes que durem mais que uma noite.

Ele não tinha consideração por mim. Nunca consegui um orgasmo com ele, mas não consigo esquecê-lo. Quando ele me liga, tremo toda.

Você diz que quer esquecer o cara, mas continua atendendo as ligações dele! Toda vez que bater essa "saudade", lembre-se de que nem bom de cama o cara era! Assuma o grande passo de parar de dar corda para as nostalgias dele. Depois de um tempo ele vai cansar e você vai poder curtir um cara que queira lhe fazer feliz.

Quero esquecer uma mulher, mas ela não deixa. Está sempre rondando o meu caminho. Finjo que não ligo, mas estou sofrendo muito por dentro. Não sei o que fazer.

Fuja dela. Mude os lugares que você freqüenta. Mude o número de telefone. Se possível, faça uma viagem. E o principal: apaixone-se de novo.

Ex

Meu ex-marido me trata como um lixo, não liga para mim ou para nossa filha. Às vezes tenho vontade de me matar, de tanta tristeza que sinto com essa situação.

Olha, nem brinca com essa história de se matar. Se está deprimida, procure um médico, porque depressão é coisa séria. Um sujeito que trata como lixo uma mulher com a qual tem uma filha linda não está em condições de ser reconquistado. Quem precisa disso é você. Procure novos interesses, entre numa academia, passe mais tempo com sua filha... Enfim, tente reconstruir sua auto-estima e sua felicidade.

Minha ex está me mantendo na geladeira enquanto namora outro rapaz. Nós saímos, ela diz que me ama, mas mantém seu namoro. O que devo pensar?

Não pense, aja! Pare de dar muita corda e experimente se afastar um pouco. Ela precisa sentir que você tem outras opções além dela. Você corre riscos, mas no amor é assim.

Me separei, mas ainda faço sexo com meu ex, que me procura de vez em quando. O problema é que quero voltar a viver com ele antes que apareça outra mulher.

Marido que deixa a mulher, mas continua saindo e transando com ela, só vai parar com isso quando perceber que corre o risco de a mulher tomar gosto pela vida de solteira. Se você quer voltar, deixe isso claro para ele. Se ele não quiser, existe mesmo o risco de ele arranjar outra, mas existe também o de *você* arranjar. Já pensou que a mão é dupla?

Namorei muito tempo uma moça e agora resolvemos voltar. Mas está tudo muito diferente. Acho que eu queria voltar com uma pessoa que não existe mais. Vale a pena insistir?

Vale, se você tirar da cabeça o primeiro namoro de vocês. Encare como uma nova relação. Quem vive de passado é museu. Você também deve ter mudado.

Como faço para esquecer meu ex? Ele é maravilhoso demais, mas diz que ama outra e que só podemos ser amigos. Nada na vida tem graça sem ele.

Quem dera que existisse uma fórmula para *esquecer alguém...* Infelizmente, não existe. Alguns aconselham a procurar outra pessoa e, mesmo correndo o risco de perder alguém muito interessante por não estar pronto para outra, talvez seja a melhor opção. Outra sugestão: controle-se. Sempre que começar a pensar na pessoa que você quer esquecer, obrigue-se a pensar em outra coisa: artista de cinema, modelo, colega de trabalho. Tudo vale. E não cair em tentação também, não se enganar dizendo que vai se encontrar com ele "só mais essa última vez", porque aí fica impossível esquecer.

Tenho certeza de que meu ex ainda gosta de mim, mas ele não quer voltar.

Sabe o que é pior no amor? Os momentos em que o melhor é fazer nada ou andar na direção, aparentemente, contrária aos nossos objetivos. Mantenha-se próxima, charmosa, mas mostre que é capaz de se interessar por outras coisas e pessoas, inclusive por outros homens. Ou ele volta, ou você desencana.

Terminei com meu namorado porque ele preferia sair com o amigo a sair comigo. Agora ele quer voltar. O que eu faço?

Homem que prefere amigo à namorada é uma complicação. Se você acha que vale a pena, dê uma chance. Quem sabe agora ele melhora? Atenção: mas só se valer muito.

Meu ex-namorado quer voltar, mas não sei se aceito porque ele me traiu, engravidou a garota e agora diz que me ama. Será que ele me ama mesmo?

É possível que ame. O que você precisa saber é se também ainda sente amor por ele e se vai colocar uma pedra em cima dessa infidelidade. Pense que o filho é problema dele, não seu; porque filho dura a vida inteira e ficar se amargurando por causa do que já passou é a maior bobagem.

Minha ex está com outro. Fui eu que terminei, porque achei que não dava certo, mas agora estou em dúvida se ainda gosto dela.

Sabe aquela coisa de marcação de território? Está parecendo que é isso; mas se você está na dúvida, chegue perto, converse e tire a dúvida olho no olho.

Gosto do meu ex, que terminou comigo sem motivos. O que faço para trazê-lo de volta?

Você pode *apenas tentar* trazê-lo de volta: não tem receita para reconquistar um homem. O que tem mais chances de dar certo é lançar mão de todas as suas qualidades e tentar maneirar nos defeitos que possam ter ajudado na separação. Lembre-se de que *você* pode mudar, mas não pode mudar o jeito do seu ex. Sei que é difícil, mas tente também manter a mente aberta a outras possibilidades.

Minha ex está deprimida. Não tinha certeza se queria casar, mas diz que ainda me ama. Sinto muita falta do nosso convívio, acho que não consigo ser feliz sem ela.

Ser feliz só depende de você. Por que você deve sacrificar suas vontades e necessidades, se ela ainda o ama? Sentir a falta de alguém não significa que quer passar o resto de sua vida com ela. Depressão é uma doença e tem de ser tratada, e namorado ou marido não são médicos. Um casamento não é justo para nenhum dos dois quando só nos dedicamos pela metade. Que tal ficar um pouco afastado para avaliar melhor seus sentimentos?

Meu ex terminou comigo, casou e agora voltou, dizendo que me ama. O problema é que estou namorando um cara ótimo e o ex não fala em deixar a mulher.

Sério? Você quer se arriscar e arriscar seu relacionamento atual com um cara com quem você tem esse histórico e ainda por cima é casado? Afaste-se dele e avalie seus sentimentos para verificar se não foi só o choque de revê-lo que fez você balançar.

Estraguei Tudo

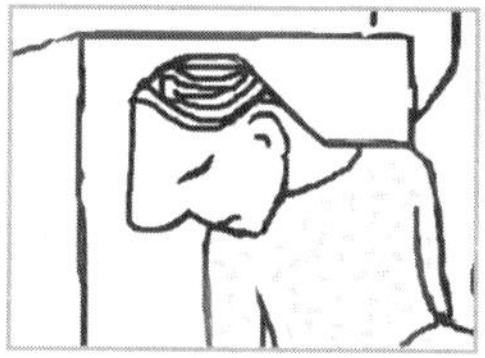

Conheci um cara maravilhoso na Internet. Estava tudo muito bem entre a gente, mas ele começou a fugir, a não atender ao telefone. Insisti, e acho que ele cansou de mim. Estraguei tudo, não foi?

Ele foge de você, não atende ao telefone e a culpa é sua? Deixe de bobagem! Esse tipo de homem que dá corda pela Internet e depois desaparece, fazendo a mulher se sentir culpada, não vale a pena. Suma você também que ou ele aprende, ou você arruma outro e tenta ser menos ansiosa da próxima vez.

Depois de 13 anos de casada, decidi me separar, mas me arrependi. Agora meu ex-marido não quer voltar para mim. Ele diz que não é cachorrinho para eu chutar e chamar de volta quando quiser. Será que ainda tenho alguma chance?

Ele deve estar com o orgulho ferido, mas pode ser que ainda ame você. O jeito é reconquistá-lo aos poucos, se isso for possível. Cuidado para não dar muita corda para o rancor masculino. Você tinha o direito de tentar outra solução para sua vida, como tem o direito de voltar atrás. Recomeçar é bom, mas não sobre bases falsas.

F

Ficar

O cara com que eu fico quer manter segredo sobre nós dois. Por que será?

Pode ser tanta coisa: para manter as opções em aberto, para manter você na fita. Mas o fato é que esse negócio de ficar em segredo, sem motivo ou com motivo, pode chegar a um ponto de ficar chato. Se você quer ficar, fique, mas não dê confiança demais para o cara. Deixe que ele a procure, não manifeste mais carinho do que ele merece.

Fiquei com um cara algumas vezes e agora ele está namorando e nem me cumprimenta mais. Por que os homens são assim?

Você saiu algumas vezes com ele e depois ele sumiu: não estavam namorando, não é? Sei que não justifica, mas essa é toda a questão do ficar. Não ter laços. Se esse cara nem a cumprimenta, não tem sentido perder o tempo que poderia estar gastando com novos amigos e novos interesses pensando nele. Sei que é difícil, mas tente não fazer sua felicidade depender de ter um relacionamento. A gente acaba criando expectativas com qualquer um, só para estar com alguém. Daqui a pouco aparece outra pessoa. O segredo de uma conquista bem feita é: charme, um pouco de indiferença e muito mistério.

Conheci um cara casado, muito gostoso, ficamos juntos algumas vezes e ele disse que não queria continuar, mas sempre voltava a fazer contato. Da última vez, eu o tratei como um conhecido e ele parou de me procurar. Fiz o que me pareceu certo, mas será que estraguei minhas chances de a gente ficar de novo? Volto atrás?

Voltar atrás para um homem que não quer você com todas as letras? O.km ele quer, mas não quer ao mesmo tempo. Você não estragou nada porque já entrou no relacionamento em desvantagem (já que ele quer manter o casamento dele). Ele pode ser um cara maravilhoso, mas o momento de vocês não sincroniza. Não se culpe por ter recuado, é a sua chance de manter o horizonte livre para outro homem.

Fiquei, Apaixonei

Fiquei com uma garota a noite inteira, mas ela disse que não quer compromisso porque ainda gosta do ex. Estou apaixonado, faço o quê?

Fique de novo e não fale mais em namoro. Imagine a seguinte situação: você encontra uma mulher, está a fim, apenas, de beijar na boca e ela se joga aos seus pés apaixonada depois de ficar uma vez. Você não acharia isso esquisito? Fique com ela e fique na sua que as chances de isso engrenar aumentam.

Meu primeiro beijo foi ano passado com um garoto com quem fiquei duas vezes. Ele hoje tem namorada, mas vive me mandando indireta. Um amigo dele me disse que ele só fica com ela porque ela faz tudo. Devo me declarar para ele?

Se declarar para quem? Para um garoto que tem namorada, fala mal dela para os amigos e fica mandando indireta para você, colocando-lhe na fita?!!! Você precisa é ficar irritada e fazer de conta que não liga para ele, para ter alguma chance. Se você não ficar com raiva, vai demonstrar seus sentimentos e ele vai continuar agindo como o dono do pedaço.

Fiquei duas vezes com um cara e acho que estou apaixonada. Como fazer para esquentar uma relação que está começando?

Observe o que ele gosta e vá testando novidades a partir daí. Outra coisa importante é você se conhecer bem e usar de muita sinceridade em relação ao que gosta também. Em geral, é muito *sexy* e muito quente a gente fazer com naturalidade o que faz bem. Só tome cuidado com a palavra paixão conjugada com o verbo ficar. Vá com calma. Se der.

Fofoca

Eu namorava uma menina que mora em outra cidade, mas alguém entregou para ela que fiquei com outra. Não consigo descobrir quem foi e não consigo fazer com que ela me perdoe.

Um dos perigos do namoro à distância é fofoca. O irmão conta, os vizinhos contam, todo mundo conta. Mais cedo ou mais tarde ela ficaria sabendo do que você fazia, certo? Não adianta ficar remoendo esta história. Só vale a pena fazer tentar voltar se for para valer, sem entrar numa de que ela tem o direito de punir você.

Meu namorado é muito amigo do meu ex e terminou comigo de repente, sem dar motivo. Agora o meu ex fica me rondando.

Aconteceu alguma fofoca entre o namorado e o ex e, como eles são amigos, ficou um clima ruim. Não comente com suas amigas, muito menos com eles. Fofoca se ignora, não se aumenta.

Minha sócia cismou que eu tenho um caso com o marido dela.

Talvez o melhor seja chamá-la para conversar e dizer que isso é infundado e que está atrapalhando os negócios. Levar fama sem deitar na cama e ainda ameaçando seu trabalho... Isso pode virar uma bola de neve, resolva logo. Agora, evite barraco.

G

Guerra

Namoro há dois anos uma mulher dez anos mais velha do que eu. Quero alguém mais interessante e preciso de um pouco de guerra nesse momento. Como faço para terminar?

Sinceridade é a melhor pedida nessas horas. É melhor do que traí-la e magoá-la. Converse com ela e explique que vocês estão querendo coisas diferentes no momento. E vá ser feliz!

Meu namorado quer casar, mas eu não estou a fim. Sou nova e quero transar muito. Se pudesse, teria mais de um namorado. Só que não quero que ele fique magoado. O que devo fazer?

Você está querendo aproveitar mais a vida. Seja franca com ele e diga que ainda não quer casar. Reflita se quer manter o namoro e ter outros ou se é melhor terminar agora. Quem sabe mais tarde vocês não entram em sintonia de novo.

Tem um cara que dá em cima de mim há um tempão, mas paquera tudo que é mulher na minha frente. Será que ele faz isso para chamar minha atenção?

Homem não pensa como mulher. Homem não perde tempo. Se ele dá em cima de você e você está fazendo jogo duro, ele deixa a fila andar e vai aproveitando as delícias da vida. Isso sem desistir de você. Eles não são mais práticos?

Grude

Fiquei com meu professor de violão e agora ele não larga do meu pé. Parei de ter aulas com ele, mas ele continua me ligando para falar que vai ter apresentação dele sei lá onde. Sou curta e grossa sempre. Será que ele ainda não entendeu?

Pode ser que não tenha entendido. Ou que não queira entender. Seja mais clara ainda. Diga com todas as letras que não vai rolar mais nada entre vocês. Não precisa humilhar o cara, mas não deixe dúvidas.

Meu namorado não me deixa vestir roupa decotada ou curta. Morre de ciúmes, é grudento.

Grude pode ser engraçadinho no início, mas depois fica um horror. Tente conversar com seu namorado e colocar um ponto final nessa desconfiança. Não deixe que ele se acostume a ditar regras de roupa, ou de comportamento. Namorado não é dono.

Gosto de ser paparicada e de ver meu amor sempre que posso. Apesar de me dar superbem com meu namorado, ele não tem essa mesma vontade. Homens não têm a mesma necessidade que as mulheres de ver quem amam sempre que possível?

As pessoas, em geral, têm necessidades diferentes, independentemente do sexo. Alguns de nós prezam seu espaço e precisam ficar sozinhos ou na sua por um tempo. Respeite, mas faça entender que ele também deve ceder, pois você precisa de mais afeto que ele.

Sei que meu namorado gosta de mim, mas fico insegura, ligo para ele toda hora, demonstro ciúmes. Tenho medo de que ele acabe cansando de mim.

Tente se controlar. Quando a insegurança bater forte, assuma de forma charmosa. Não pergunte toda hora se ele gosta de você. Admitir que sente saudades, ligar para falar rapidinho o quanto a outra pessoa é querida e especial pode ter seu charme se isso for feito de vez em quando. Cuidado para não perder um amor por causa de bobagens. Se ele disse que gosta de verdade não tem porque não acreditar.

Sou apaixonado por uma garota que já namorei, mas deixei. Agora ela diz que tem medo de se envolver comigo de novo. Sei que às vezes, por querer muito, eu a sufoco. Quando me afasto, ela vem me procurar. O que eu faço para conseguir domar esta fera?

Medo não combina com amor. E sufocá-la não vai ajudar nem um pouco a tê-la de volta. Deixe-a respirar e pensar no que ela quer. Faça com que ela sinta saudades de você. Já que ela o procura quando você se afasta, deixe que ela faça mais isso. A decisão é dela.

Gosto de um amigo. Já dei umas indiretas, ele fez de conta que não percebia. Perguntei se ele queria namorar comigo, ele disse NÃO. Fico sempre por perto dele e ele, nada. O que eu faço?

Desgrude. E rápido, ou você perde o amigo e o respeito por si mesma. Já deu indireta, direta e ele disse não: caia fora e arranje outro, ou pelo menos fique quieta até a vontade passar. Insistir com homem faz um mal danado para a auto-estima de mulher.

H

Homem Comprometido

Sempre soube que ele tinha namorada, mas agora eles ficaram noivos. O pior é que tenho certeza de que ele é o homem da minha vida. Como posso ser feliz sem ele?

Em primeiro lugar, é sempre um erro colocar a sua vida e a sua felicidade em função de outra pessoa. Você pode (e deve) ser feliz sozinha ou acompanhada, dele ou de outra pessoa qualquer. Talvez a situação dele com a noiva seja passageira, talvez seja um engano. Mas talvez *não seja*. E você precisa considerar essa possibilidade com urgência. Vai ser difícil, é claro, mas a verdade é que você não precisa dele, existem outros por aí.

Estou com um homem casado, complicado como ele só! Vai, volta, diz que não consegue sair do relacionamento. O pior é que ele é interessantíssimo.

O cara casado pode ser interessantíssimo e casamento é difícil de deixar para trás mesmo, mas esse é um jogo difícil de ganhar. Se achar que a trabalheira vale a pena, beleza. Se não, é partir para outra, mesmo dando uns "pegas" nele de vez em quando. A vida é muito curta para gastar com homem que não sabe o que quer. Quem sabe assim você arranja um não comprometido interessante?

Só arranjo homem comprometido: ou são casados ou têm namorada. O que há de errado comigo?

Pare de se culpar. Os homens comprometidos que você encontra devem ser interessantes e mal acompanhados, por isso ficam ciscando. Tente circular mais em lugares de solteiros e identificar o que mais a atrai num homem. Quanto mais você se conhecer, mais chances terá de conquistar o que lhe dá prazer.

Gosto muito de um homem casado que já me deixou várias vezes e tem medo de que a mulher descubra nosso caso. Agora consegui terminar, mas ele fica me rondando. O que eu faço?

Se já conseguiu se afastar dele uma vez, é só se manter nesse caminho. Mesmo que ele goste de você, o cara tem um perfil de quem não arrisca, e é muito difícil que ele tome uma atitude. Saber que você tem recaídas torna tudo fácil demais para ele. Quer ficar na fita por um tempo, tudo bem; mas não se feche para as oportunidades descomplicadas que podem surgir nesse meio tempo.

Sou divorciada e me apaixonei por um homem casado. Tenho certeza de que esse é o homem da minha vida. Devo esperar ele se separar ou seguir em frente assim mesmo?

Você precisa pensar um pouco para saber o quanto está disposta a arriscar, perder e enfrentar. Se você tiver paciência e disposição para investir... Não há problema em seguir em frente, mas não fique à disposição. Ele não pode pensar que a situação se acomodou.

Harém

Como conquistar vários corações e ser bígamo?

Difícil, mas você pode tentar. Só que é preciso talento. Mentir e trair dá trabalho, não é só festa, não. Esteja consciente da sua escolha e conviva com os riscos que ela representa. E use camisinha!

❤

Meu ex-namorado engravidou a prima, casou com ela e hoje a deixa sozinha para me ver. O que será que ele quer de mim de novo?

Mesmo que ele esteja interessado em você, o que ele quer é um harém. Da próxima vez que ele aparecer, pergunte a ele exatamente o que pretende, aí você descobre se os objetivos dos dois são os mesmos e pode tomar sua decisão.

❤

Amo um homem casado que diz que se tivesse me conhecido primeiro casaria comigo.

Só que ele não conheceu você antes da esposa, e essa declaração indica que não pretende deixá-la. A menos que você conheça alguém depois dele que o obrigue a rever essa posição.

Sou casada há dez anos e me envolvi com o primo do meu marido. Não sei se é sério mesmo ou se é porque estou com raiva do meu marido, pois ele não me dá muita bola. Não queria perder nenhum dos dois.

Difícil, porque mais cedo ou mais tarde vai dar confusão. Você pode colocar as coisas de maneira bem direta para seu marido: "E aí? Quer mudar e me reconquistar ou passar bem, obrigada?" Risco: ele cai fora. Outro risco: ele melhora — e aí você perde o pretexto do primo. Aliás, o tal primo significa alguma coisa mesmo ou é só tesão? Esconder-se nessa relação proibida é se conformar com seu casamento que não evolui. Ouça o que seu marido diz. Se achar que de sua relação com ele não sai mais nada, repense suas prioridades.

Namoro um homem casado há 25 anos e nossos encontros continuam quentes e muito legais, mas ele não se separa.

Vinte e cinco anos não são 25 dias. Ele, na verdade, tem duas mulheres e uma é você. Ele parece fazer você feliz, mas parece também que não vai romper o casamento. Tudo aponta para a estabilidade. Se não houver um solteiro melhor no pedaço... Não deixe de considerar a possibilidade.

Sou casada, e bem casada, mas amo um rapaz solteiro, mais jovem do que eu, que não se conforma de eu não largar o meu marido. Às vezes ele some. Como faço para que ele não desapareça?

Ele deve amar você, caso contrário não voltaria. Deve amá-lo mesmo também, por isso some de vez em quando. Afinal, se o seu objetivo é manter o casamento e o dele é casar com você, existe aí um conflito. Enquanto ele não arranjar uma solteira a quem ame mais, você está segura.

I

Internet

Ele me conquistou totalmente pela Internet e agora diz que não quer nada físico entre nós. Diz que é mais velho, que está indeciso... O pior é que estou apaixonada.

Diferença de idade não é empecilho quando a gente quer fazer dar certo. Vocês mantiveram uma amizade pela Internet e não saiu disso? Não chore por um relacionamento platônico. Se for preciso, para desencanar, tire o cara da tela. Abaixo homem que dá corda e não comparece!

Estou namorando um cara pela Internet. Ele é muito legal, tudo o que sonhei, mas não me deixa fazer nada, tem ciúmes da minha sombra.

O problema dos relacionamentos pela Internet é que fica difícil fazer a distinção entre o real e o virtual. Você o conhece? Pode tirar uns dias para se encontrar com ele e conferir pessoalmente? Ele não pode ficar ditando sua vida à distância (nem de perto, diga-se de passagem). Paixão platônica é uma coisa gostosa, mas não dá para se afastar da realidade a ponto de não conseguir viver a vida.

Conheci um cara muito legal na Internet, mas já sofri tanto no amor que tenho medo. E se quando a gente se conhecer ele achar o meu corpo feio? Temos a mesma idade, mas na foto que me mandou, ele está mais conservado. Quero tanto que ele goste de mim.

Não se exponha tanto, espere que ele o faça primeiro. Se está tão magoada com relacionamentos anteriores, o ideal é ir com calma. Por mais que tenham um longo contato via e-mail, tem muita coisa de pele para descobrir. E pode parar com esse complexo sobre seu corpo. Ninguém tem corpo perfeito, e tenho certeza de que o tempo e a gravidade atuam da mesma maneira nesse cara que no resto dos mortais. Espere que ele dê o próximo passo. Não dá para colocar nossa felicidade na dependência de ninguém.

Minha namorada me largou por causa da Internet. Ela me viu batendo papo com uma mulher e ficou revoltada. Expliquei que sou louco por ela e que a Net para mim é só um passatempo, mas ela não quer dar o braço a torcer.

Será que ela não teve mesmo seus motivos? Traição virtual ainda é um assunto polêmico. Tente convencê-la de que você nunca encontrou a tal mulher. E se você gosta dela e ela não suporta que você tenha suas conversinhas na rede, é melhor respeitar ou fazer muito escondido.

Me apaixonei na Internet, mas tem horas que sofro muito com essa paixão, porque a pessoa é mais jovem, mais rica, mais bonita do que eu.

Se você nunca viu a pessoa como pode saber se é mais rica, mais bonita e mais jovem? Pode ser horrorosa. Pode ser um adolescente desocupado tirando sarro com a sua cara. Marque um encontro urgente, para acabar com essa fantasia de inferioridade.

L

Largar Tudo

Meus pais não querem nem ouvir falar em eu largar tudo para ir atrás da garota que conheci nas férias, por quem me apaixonei!

Devagar. Claro que seus pais não aprovam largar tudo! Não dá para querer chutar o pau da barraca e, ao mesmo tempo, ter aprovação e financiamento dos pais. Dê um tempo para eles e para vocês.

Estou casada há pouco tempo, mas eu e meu marido brigamos o tempo todo. Ele vive ameaçando largar tudo e nossas brigas sempre terminam em sexo, e eu me sinto humilhada por não conseguir resistir. O que faço, se eu o amo muito?

Não se sinta humilhada por uma coisa boa, que é ser uma mulher desejável. Se ele quisesse mesmo se separar, tomava a iniciativa. O melhor em relação às brigas é eliminar os motivos que dependem de você. É difícil, mas não é impossível. Faça bastante sexo e ignore pequenos problemas. Só dê atenção aos grandes obstáculos. Menos do que isso, vire para o lado e durma. Você precisa de um tempo sossegada para resolver o que deseja do casamento.

Vivo uma situação triste. Há anos tenho um caso com um homem casado que me ama, mas não consegue largar a mulher. Às vezes tenho vontade de jogar tudo para o alto, fugir dele, mudar de país. Será que fugir é covardia minha?

Quando a gente se acostuma a se contentar com coisas pela metade fica difícil perceber que chegou a hora de pedir mais. Você tem duas opções: colocá-lo contra a parede e exigir que ele se decida (o que homens odeiam, mas que é mais honesto com você), ou esperar e ter sangue-frio, o que lhe deixa nas mãos de alguém que parece estar ainda mais confuso do que você. O que é certo: homens casados não deixam suas famílias, a menos que tenham absoluta certeza do que estão fazendo ou sejam absurdamente inconseqüentes. Você não precisa disso, pode encontrar alguém seu por inteiro, saiba disso. Por que não tomar uma distância geográfica? Se você pode largar tudo, aproveite.

Longe do Ideal

Conheci um homem pela Internet. Saímos somente uma vez e fui para a cama com ele. Nunca mais nos vimos e raramente nos falamos. Os homens ainda têm pensamentos antigos sobre mulheres que vão para a cama com eles no primeiro encontro?

Infelizmente ainda existem exemplares masculinos desse tipo. Alguns homens ainda pensam que "mulher que vai para a cama na primeira noite não deve ser levada a sério". Azar o dele, não sabe a mulher maravilhosa que perdeu, não é? Não há porque se estressar com homens que pensam assim. O mundo ainda está cheio de caras legais, loucos para conhecer alguém especial como você.

Minha namorada dá mais bola para as amigas dela do que para mim. Não estou a fim de ser reserva. Devo chutá-la para escanteio?

Acho que vale uma advertência antes. A gente só tira alguém de campo quando é o melhor para o jogo. Converse com ela e deixe claro que essa situação não está agradando. Se a conversa não resolver, dê o cartão vermelho, mas tenha certeza de que é isso que você quer.

Terminei um namoro longo com um cara que parecia ser o homem da minha vida. Não sei o que há de errado comigo, não consigo arrumar mais ninguém.

Não é que exista alguma coisa de errado com você, é que este é um jogo complicado, mesmo. Tem de entrar com o espírito de se divertir. Sair para conhecer gente nova e não para arrumar um namorado em potencial. Permita-se virar o jogo: ser mais conquistada do que conquistar. Muito charme, um pouco de indiferença, e sem ficar remoendo o passado.

Quando comecei a namorar, não gostava tanto da minha namorada quanto ela de mim. Agora acho que a situação se inverteu. E não estou gostando dessa mudança. O que faço para as coisas voltarem a ser como antes?

O ideal não é que as coisas voltem a ser como antes, e sim que vocês encontrem um equilíbrio. Mas é normal o namoro passar por fases em que um está mais ligado que o outro. Se você está em desvantagem no momento, corra atrás do prejuízo. Conquiste-a mais e mais a cada dia.

Meu marido não quer sair comigo. O negócio dele é assistir a jogo e fazer sexo. Será que ele me ama?

Amar ele ama, porque está em casa todo dia e gosta de fazer sexo com você sempre. O problema é que ele não percebe que é muito chato esse esquema. Não dá para você sair com uma amiga, prima, cunhada, se divertir um pouco sem ele? A sua diversão e o futebol dele podem conviver numa boa? Se puderem, quem sabe ele se manca e sai do sofá? Precisa de paciência para educar marido.

M

Manter (se) na Fita

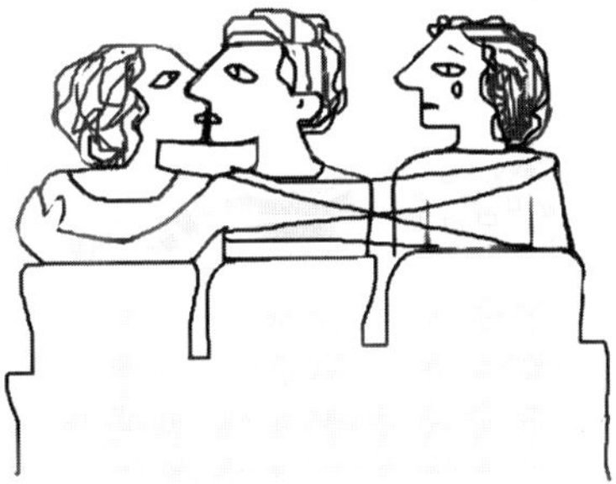

Amo um cara há dois anos, mas todas as vezes que me entrego de corpo e alma, ele some. Será que ele tem medo de se prender ou está me fazendo de besta?

Ele está mantendo você na fita: se aproxima, ganha você, depois larga. O porquê de ele fazer isso é o que menos importa; o fundamental é você resolver se quer passar não se sabe mais quanto tempo esperando que ele mude. Em dois anos, você podia ter conquistado e namorado caras muito mais dispostos a retribuir um amor de corpo e alma.

Não quero mais meu namorado, mas não sei se agüento vê-lo com outra.

Faz favor, não é? Não dá para você comer e guardar o bolo ao mesmo tempo. Vê se deixa o rapaz em paz e você mesma arranja outro. Manter na fita quem a gente não quer atrasa a vida.

Ele é casado e diz que eu não mereço um cara dividido, mas está sempre jogando um charme e eu não consigo resistir. Por que ele faz isso comigo?

Ele quer manter você na fita. Não adianta você ter consciência de que não tem volta e continuar dando corda. Acabou para ele? Ele está curtindo a vida de casado? Curta você a vida de solteira, não tem nada de errado nisso. Tente não se deixar afetar pelas ações dele. Seguir em frente é a palavra de ordem.

Estou apaixonada por um carinha que tem namorada. Ele parece gostar de mim. Será que tenho chances?

É sempre bastante complicado se envolver com quem já tem outra namorada. Depende do quanto ele gosta de você, do quanto ele gosta da outra. O importante é você decidir o quanto está disposta a investir e não se manter na fita à toa.

Menos de 18

Como eu faço para beijar de língua?

Bem, você só vai aprender tentando, não é mesmo? Espante o nervosismo, tudo tem sua primeira vez. Deixe acontecer naturalmente, pois o beijo é uma daquelas coisas que fazemos instintivamente. Tem gente que diz que dá para treinar com laranja, ou com um copo de água com gelo (para tentar pegá-lo com a língua). Mas eu acho que é muito melhor treinar com alguém.

❤

Quero fazer amor com minha namorada, não só por transar, mas também porque a amo. Quando vamos ao cinema a coisa esquenta um pouco, mas eu não sei como dizer para ela o que eu quero. O que faço? Como dizer de uma maneira sutil?

Sexo é uma coisa que a gente faz no momento em que está preparado para isso. Você vai ter de descobrir se a sua namorada está. Você pode tentar convencê-la, conquistar esse momento, mas não dá para forçar a barra. Tenha paciência, se você acha que ela vale a pena.

Minha amiga está namorando o garoto de quem eu gostava, o que significa que ela ficou com ele escondido de mim. Estou sofrendo muito, porque não tenho ele e não consigo mais ser amiga dela.

Talvez sua amiga tenha se apaixonado por ele e escondido isso de você por falta de coragem de contar. Sei que isso dói muito, mas, acredite, dor de amor passa. Tente se distrair com outras pessoas, conhecer outros garotos, se afastar um pouco dos dois. Você parece uma garota sensível; lembre-se de que os garotos adoram meninas assim, especialmente se você conseguir ser, além de sensível, forte.

Apresentei minha amiga para o meu irmão, mas acabei inventando uma história sobre ela e agora ele não quer mais ficar com a minha amiga. O que faço para esclarecer tudo?

Nada. Quanto mais você mexer nessa história, mais complicada ela vai ficar. Se foi você que iniciou a confusão, por que seu irmão iria confiar em você agora? Deixe as coisas tomarem um rumo próprio, sossegarem. Talvez depois você tenha chance de ajudar.

Nós nos amamos, mas a minha família e a dele não aceitam nosso namoro. Estamos namorando escondido, mas não gosto dessa situação.

Acho que você tem de pensar nos motivos que levaram os pais de ambos a fazer essa oposição e tentar esclarecer as coisas em casa. É ruim fazer as coisas escondido. Mais cedo ou mais tarde tudo se descobre.

Uma garota de 12 anos gosta de mim, mas eu gosto de uma outra garota, um amor impossível. Devo apostar em um namoro com uma garota tão jovem? Tenho 17 anos e tenho medo de magoá-la...

Vocês estão numa fase em que essa diferença de idade pesa, não é? Dá a impressão de que é um namoro sem chances de dar certo... Você *precisa* namorar essa garota de 12 anos? Não dá para ficar, ser amigo, esperar um pouco para ver como as coisas se desenrolam? Na dúvida, é melhor não fazer nada.

Tenho 15 anos e fui ficando e terminando com um carinha um monte de vezes, mas acho que desta vez não tem volta. Agora, ele fica pedindo para ficar com minhas amigas na minha frente. Será que é para me provocar ciúmes?

Pode ser, os meninos nessa idade são mais imaturos que as meninas. Mas se vocês realmente terminaram para valer, não dê bola para ele, não. Siga em frente. Aposto que tem muitos outros carinhas interessantes para você paquerar.

Tenho 17 anos, nunca beijei ninguém. Não sou feia, não sou "nerd", será que não sei lidar com o sexo oposto?

Talvez você esteja sendo amiga em excesso dos rapazes. Talvez você esteja andando demais com meninas. Talvez você não pense em beijo na boca da maneira mais sensata. Sugestões que, às vezes, funcionam: prestar mais atenção nos homens e escolher mentalmente o que você deseja beijar. Depois, imaginar o beijo, quando estiver perto dele. Não entrar numa de ficar amiga antes de que ele fique com você. Depois da primeira vez, tudo fica mais fácil. Ou mais difícil.

Um garoto do colégio me olha há um tempão e não faz nada. Mandei minhas amigas falarem com ele e ele disse que ficava comigo depois. Agora descobri que ele estava com outra. Como faço para ficar com ele? Será que ele é tímido?

Tímido? Ele é folgado, isso sim. Quanto mais você correr atrás, menos chances de ficar com ele você tem. Desencane. Dê um tempo. Ignore. Fique com outros. Ou você esquece, ou ele vem.

Quero aprender uma simpatia para que o garoto com quem fiquei me peça em namoro. Ele só me olha, mas nem fala mais comigo.

Simpatia eu não conheço, mas eu posso lhe dizer que um garoto bobo desses não merece essa dor de cabeça. Você pode tirar a dúvida dando o braço a torcer. Da próxima vez em que ele estiver olhando, retribua com um sorriso. Mas é só. O próximo passo é dele.

Tenho namorado, mas não gosto dele como deveria. E agora ainda me apaixonei pelo amigo dele! O que faço? Morro de pena de terminar.

Você já respondeu à sua pergunta. Se não gosta mais dele, termine. Acredite, será melhor para ele do que se você continuar o namoro por pena. Quanto à história do amigo, dê um tempo. Veja primeiro se você é correspondida e, se for, vá com calma, para não se magoar ou magoar o outro à toa.

Estou há muito tempo sem namorada, tenho 12 anos. O que eu faço?

Deve esperar, prestando atenção em quem existe de interessante para conversar, dançar, ficar, essas coisas que preparam a gente para o amor.

Tenho 14 anos e descobri que meu namorado está me traindo. Termino ou conto que sei, para ele escolher?

A vantagem é sua. Ele está dividido entre duas garotas. Você não. Quer continuar com ele? Tem paciência para disputar? Continue. Não tem? Largue o cara ou diga que não divide namorado – e ele que se vire. Mas esteja atenta, porque abrir o jogo implica obrigá-lo a escolher e você pode não ser a escolhida.

Gosto de uma garota desde a 6ª série (dois anos). Escrevo, mando recado pelos colegas, mas ela diz que só gosta de mim como amigo. O que faço?

Não adianta correr atrás de mulher que diz que gosta do cara como amigo. Desencane, ou melhor, faça de conta que desencanou. Minta, mas não mande mais cartas, recados, o que for. Ninguém gosta de gente rastejando. Faça isso para ter alguma chance com ela ou com qualquer outra garota do círculo.

Por que as garotas tentam desprezar os meninos dizendo que eles são feios?

Os motivos podem ser vários. Um deles é que as mulheres, quando muito novas, ainda não sabem direito como lidar com os homens e colocam defeitos como defesa. Sabe aquela coisa de "quem desdenha quer comprar"? A raposa e as uvas? Isso passa. Pode acreditar.

Não gosto de um garoto que quer namorar comigo, mas fico com medo de feri-lo dizendo não.

Seja delicada, mas diga "não", com todas as letras. A pior coisa do mundo é a gente se ferir para não ferir as pessoas, e namorar alguém de quem não se gosta é aborrecimento na certa.

Gosto de um garoto de quem minha amiga também gosta. O que eu faço se ele pedir para ficar comigo?

Ficar é beijar na boca, não é? Sua amiga não pode se queixar de você ficar com ele. Atenção, porém, porque ele pode pedir para ficar com ELA. Amigas, amigas, ficantes à parte.

Um garoto já pediu para ficar comigo quatro vezes, sempre diz que vamos conversar a sério, mas depois some. Como faço para namorá-lo?

Se você fica com ele, apesar de ele prometer mas não cumprir conversar com você, por que ele conversaria? Se você quer só ficar, fique e pronto. Se quer mais do que isso, da próxima vez, seja gentil, charmosa, mas não fique com ele, diga que prefere conversar primeiro. O risco desse segundo caminho é que ele pode não ficar mais; a vantagem é que se ele quiser muito ficar pode conversar a sério.

Tenho 15 anos e namoro um rapaz há três anos, mas agora percebi que não esqueci meu ex. O que faço, se amo os dois?

Amar os dois nem sempre é problema se eles não amarem você, mas se existir uma disputa, você vai ter de escolher. Enquanto isso não acontece, tente conhecer melhor seus próprios sentimentos.

Gosto pacas de um garoto, mas ele diz que não sente nada por mim. Ele é muito meu amigo, quase meu irmão. Tenho certeza de que ele sente alguma coisa.

Claro que ele sente alguma coisa por você se ele é seu amigo, quase seu irmão! O problema é que nem sempre o que a gente sente por um garoto é o que o garoto sente pela gente. Dói, mas você tem de segurar a onda para não perder, inclusive, o amigo.

Ficar com garoto que a sua amiga gosta sem saber que ele é ele, é furar o olho da amiga?

Sem saber, não. A ignorância de quem ele era tira a culpa da amiga que ficou. Além disso, ficar é ficar, não dá para fazer muito drama. Agora, ficar de novo já complica, não é?

Como saber se um cara está a fim da gente ou só gosta como amigo? Pergunto porque ele tem namorada.

É difícil saber com certeza, a menos que ele tome alguma iniciativa. Você pode, também, criar uma situação em que vocês fiquem sozinhos e dar algum mole para ele. O único problema é se ele for do tipo que joga charme só por jogar. Mas, pelo menos, você tira a dúvida. Tente não ser direta demais para não pagar mico.

Fiquei com um menino que gostava de uma garota que estava fazendo intercâmbio. Agora ela voltou e ele não quer mais ficar comigo. O que eu faço?

Sabe qual é o maior problema no amor? É que, às vezes, não dá para fazer nada. Só sentar e esperar que ele veja o quanto você é especial, lembre dos seus beijos, volte. Ou então que você descubra o quanto ele não é especial, esqueça seus beijos e arranje um cara mais legal ainda. Pode acreditar, uma das duas coisas acontece.

Fico com um garoto sempre. A gente tem tudo para namorar, mas ele não se decide, some por uns tempos. Acho que é porque ele sofreu muito num namoro longo que teve. O que faço?

Pare de se preocupar com os motivos dele e da próxima vez que ele sumir não fique com ele sem mais nem menos. Diga que isso chateia você. A sinceridade é uma base importante para um namoro, o sofrimento anterior dele (se é que existiu) não dá a ele o direito de fazer você sofrer.

Tenho 17 anos e ninguém quer namorar comigo! O que as outras garotas têm que eu não tenho?

Você, aparentemente, está levando a vida como se tivesse 70 anos e prestes a morrer de enfarte! Calma. É difícil, ainda mais quando você vive em função de um único objetivo: fazer com que os homens prestem atenção em você. Vá ao cinema, leia, alugue as bíblias das mulheres de bem com a vida: "Legalmente Loira" e "Patricinhas de Beverly Hills". E não leve tudo tão a sério.

Tenho 13 anos, vi um garoto há dez meses e me apaixonei. Já tentei ficar com outro, mas não consigo esquecê-lo.

Você quer ser uma mulher feliz no amor? Pegue leve no exagero!!! Viu, apaixonou?! Diga que ficou impressionada, é melhor. Se vocês não estiveram mais juntos, ele pode ter mudado muito (para pior). Ele pode não ser do jeito que você pensa que ele é. Uma vez é pouco e ficante é ficante. Vai ficando que a paixão passa.

Depois que ele me deu três bolos, não consigo ter vontade de fazer nada. Chego do colégio, fico trancada no quarto ouvindo música, nem falo com minha mãe.

Sabe a música do Cazuza, *Exagerado*, em que ele diz "adoro um amor inventado"? Pode ser esse o seu caso. Levante da cama já, vá tomar sol, um sorvete, largue de mão esse sujeito que lhe deu TRÊS BOLOS que você arranja outro, fácil, fácil. Quem é exagerado no amor tem de estar sempre reciclando.

Mãe

Minha mãe não aceita meu homossexualismo e eu não gosto mais de homem.

Muitas mães, não só a sua, têm dificuldades para aceitar homossexualismo em geral e dos filhos em particular. Tenha paciência que com o tempo tudo se ajeita.

Minha mãe acha que todos os meus namorados me traem e eu vivo doente de ciúmes do meu namorado atual, penso até em terminar. Não sei mais o que fazer, me sinto tão sozinha.

Faça amigos. Rápido. Na escola, no trabalho, no clube, na igreja. Tente se interessar por outras pessoas, ouvir as histórias delas, pensar em outra coisa. Todas as vezes que você pensar que seu namorado a está traindo, risque esse pensamento da sua cabeça. Não cultive. Sua mãe tem o direito às opiniões dela, mas você tem a obrigação de viver sua própria vida e assumir as suas escolhas. Não desperdice o dever de ser feliz. Se não conseguir sozinha, não hesite em procurar ajuda.

Minha sogra morre de amores pelo ex da minha namorada e me odeia. O que faço?

Sua namorada precisa pedir respeito à mãe dela no tratamento com você. Por maiores que sejam as preferências de sua sogra pelo ex, ela deve aceitar o fato de que você é o novo namorado da filha dela e merece ser tratado como tal. Note o "deve", porque independentemente de a filha pedir, ela pode continuar agindo como uma chata. Se for esse o caso, não ligue. Tem mãe que gosta de ser sogra.

Minha mãe implica com meu namorado porque ele está desempregado.

Sua mãe está preocupada. Esse é o papel dela. Seu namorado não vai ficar nessa situação para sempre. Agüente mais um pouco, se acha que vale a pena. Se ele fizer a parte dele já ajuda. Com o tempo ela se convence.

Minha namorada topou fazer sexo comigo depois de muita insistência minha, mas tenho medo, porque a mãe dela é muito rigorosa.

Você queria sexo com a namorada e, agora que ela quer, você está preocupado com a mãe dela? A mãe da moça não precisa saber! Camisinha, sigilo e não se fala mais nisso.

Minha mãe não suporta meu namorado, que é mais velho do que eu.

Namorado a gente troca, mãe só tem uma. Você vai precisar de paciência. Se ele gosta de você, pode tentar se aproximar de sua mãe, mostrar que não vai prejudicá-la com a diferença de idade. É até bom uma certa oposição da mãe, porque os homens valorizam situações de dificuldade. Ele estranharia é se sua mãe não ligasse para você.

Meu namorado está preso pela segunda vez e minha mãe não quer nem ouvir falar dele. Eu me correspondo com ele escondido. Ele diz que quando sair vai conversar com ela.

Se você tivesse uma filha, você gostaria que ela namorasse um cara que já foi preso duas vezes? Oposição de mãe, num caso desses, pode ser ótimo para vocês dois. Quem sabe se o medo da oposição dela e a dificuldade de estar com você não obriga o cara a dar um jeito na vida e a andar na linha? Pessoas que têm problemas com a lei podem se emendar quando a recompensa é boa e não é fácil demais.

Namoro uma garota de programa e minha mãe não aprova. Como faço para levá-la em casa para minha mãe conhecê-la?

Você contou para sua mãe que a sua namorada é garota de programa *antes* de sua mãe conhecê-la? É difícil mãe aceitar isso. Se ela não quiser receber a moça em casa, não dá para obrigar, não é mesmo? Tente convidá-la para fazer alguma coisa com vocês, mas se não for possível, o jeito é você se conformar e aprender: ser adulto no amor significa aceitar as conseqüências do que a gente faz e não querer que os pais passem por cima dos seus próprios limites para aprovar a gente.

Maus Tratos

Terminei um namoro de forma traumática. Ele até me agrediu. Só que depois de três meses, voltei a vê-lo escondido de meus pais. Agora ele veio com uma história de que dessa vez não quer nada sério. Sei que devia parar de vê-lo, mas não consigo.

Que não consegue, o quê! Dá para aceitar tudo quando se ama, menos maus-tratos. A vida é curta, é difícil, mas costuma ser boa para quem sabe amar. Deve ter alguém à sua espera disposto a lhe dar o amor de que você precisa. Não perca tempo. Saia, viaje, passeie, trabalhe, estude, mas não fique na mão de quem lhe maltrata.

Meu namorado me dá cortadas em público, não gosta que eu apareça, que seja comunicativa. Já tentei conversar com ele, mas não adianta.

Se já conversou e ele continua fazendo a mesma coisa, esse cara está precisando de uma geladeira. Todo relacionamento tem suas arestas para serem aparadas, mas não faz sentindo cortar você porque se sente ameaçado. Não se muda a natureza das pessoas.

Tratei muito mal minha namorada e agora ela não quer me ver nem pintado. Tentei me aproximar no bom humor, mas não funcionou. Como reconquistá-la?

Você pisou feio na bola com a garota e, se quer realmente conquistá-la, vai ter de passar por esse período de rancor mesmo. Ela pode estar precisando é da segurança de que suas gracinhas não vão mais se repetir. Tente uma reaproximação como amigo, ouça o que ela tem a dizer, por mais chato que seja. Existe a possibilidade de não funcionar, mas você ficar se perguntando o que poderia ter sido não é o ideal.

Minha namorada foi estuprada e, por mais que goste dela, não consigo aceitar o fato. O que eu faço?

Infelizmente, nem sempre a gente consegue fazer o que é certo no amor, o que a gente acha que deveria. Não adianta você continuar junto com uma mulher da qual você não consegue aceitar o passado. Seja amigo, apóie ou, se não conseguir nem isso, suma, mas seja honesto com você mesmo e não aja como se ela fosse uma aleijada a quem você não pode amar. Falsidade não combina com amor.

Meu marido briga o tempo todo, me humilha na frente das crianças, às vezes fica violento com a gente. Acho que ele não vai mudar nunca. Já tentei deixá-lo, mas não consigo.

Se o casamento deu o que tinha que dar e você já tentou sair e não consegue, é melhor dar um tempo para pensar de cabeça fria. Se afaste um pouco, vá para a casa de alguma amiga, faça uma viagem. A solução não vai cair no seu colo, mas é melhor do que esperar a casa cair na sua cabeça e na de seus filhos.

Não consigo nem mais olhar para o meu ex-marido. Ele me humilhava antes da separação e continua tentando fazer isso agora. Me sinto culpada por me sentir assim porque temos filhos e, um dia, gostei dele.

Não dá para gostar de um cara que trata você desse jeito. O melhor a fazer é não aceitar provocações. Quando ele visitar os filhos, procure se afastar, viaje, se hospede na casa de uma amiga, mas tome distância dele até que tenha forças para não se deixar afetar.

Gosto muito do meu namorado, mas ele não me respeita, me humilha direto. Ele diz que vai mudar, mas não muda. Quero acabar tudo, mas não tenho coragem.

O namorado humilha você. Este é um problema. Como resolver? Caindo fora, independentemente de outro homem. Humilhação é uma forma de violência e gente com esse tipo de comportamento nem sempre quer ou consegue mudar.

Mentira

Minha prima mentiu para meu namorado, dizendo que eu o traí. Agora eles estão namorando e ele não acredita na minha palavra. O que devo fazer?

Com uma prima dessa, quem precisa de inimigos? Se você realmente gosta desse rapaz, não desista de lutar por ele. Ele já foi seu e pode ser de novo. Afaste-se o máximo de sua prima, pois ela não merece sua amizade. Se não houve traição, não há motivo para ele não acreditar em você. O que você precisa é ser mais esperta do que ela e esperar o momento de provar a intriga. Tenha paciência.

Uma pessoa que não tem por que mentir me contou que minha namorada me traiu. Ela jura que não. Como saber quem está mentindo?

Tem certeza de que você quer descobrir a verdade? Entre a mulher com quem você está e a pessoa que "não tem por que mentir" e tenta dedurar essa mulher, quem você escolhe? Porque é isso que está em jogo também. Avalie os seus sentimentos em relação a ela e não minta para você mesmo. Essa é a única mentira que não vale a pena.

Tenho 40 anos e sou separado. Saio com algumas mulheres, uma de cada vez, é claro, e acho que nos divertimos muito. Todas são minhas amigas e todas sabem que "não sou de ninguém". Todas, menos uma, para quem eu minto. Digo que as outras são relacionamento sem sexo, que ela é a única. Minto porque ela é a preferida e saio com outras porque ela não me assume, diz que não está preparada para um relacionamento sério, definitivo. Você acha que eu estou errado?

Acho que você está certíssimo. Acho que você é um exemplo para as mulheres. Um homem não preparado para assumir um relacionamento sério deveria fazer parte de um grupo de "ficantes", como você faz com a sua pretendente. Mas nós mulheres temos outra mentalidade e ficamos sentadas esperando que o príncipe se decida. Você está certo também em mentir. Para que dizer a verdade e correr o risco de ela achar que você é galinha, não confiável? Ela pode inclusive desistir de você por achar que nunca será um homem fiel. Mentir, em certas ocasiões, é uma demonstração de amor e sensatez. Um cuidado apenas: você pode se acostumar com a idéia de que dá para mentir o tempo todo. E não dá.

Já peguei meu namorado mentindo para mim, várias vezes. Diz que não foi num lugar e foi, que mal conhece uma fulana, mas conhece bem, enfim, não sei se posso acreditar nele.

Mentira é uma coisa difícil de avaliar. Um homem às vezes mente para evitar problemas para si mesmo, mas, em outras ocasiões, mente para preservar o relacionamento. Mentir pode ser uma prova de amor, ou de cuidado. Pode ser vontade de continuar junto, pode ser vício. Só você pode avaliar que tipo de mentiroso ele é e se você está a fim de aprender a lidar com isso.

Meu namorado diz que me ama, mas me procura pouco (segundo ele por falta de tempo). Será que ele está mentindo?

Essa coisa de mentira é complicada. Seu namorado diz que ama você, lhe dá atenção, mas não a procura por falta de tempo. Por que ele estaria mentindo? Ele pode estar com algum problema sério. Tente conversar, mostrar para ele do que você sente falta, o que lhe deixa insegura.

Meu ex me deixou porque eu exagero muito as coisas e ele não suporta gente mentirosa. Quero muito ele de volta.

Mentira e fantasia (ou exagero) são coisas que nem todo mundo consegue distinguir ou perdoar. Tente mostrar para ele que mudou, mesmo sem namorá-lo. Não desista totalmente, mas não corra atrás ansiosa, porque é pior. Tenha calma que, se ele gosta de você, ele volta.

Mulher Errada

Sou louco pela mulher de um amigo meu, mas não tenho coragem de me declarar.

Desejo por mulher de amigo não só uma questão de coragem, é também questão de saber se você é correspondido e até onde os dois querem chegar. Você e ela. Às vezes covardia é uma coisa boa porque evita encrenca que não vale a pena. Agora, se a encrenca compensar...

♥

Não amo mais minha noiva, mas não gostaria que fosse assim. Sempre tive certeza de que ela seria a mulher da minha vida, a mãe de meus filhos. Tem algum jeito de voltar a amar uma pessoa?

Parece que você se enganou. Ela não é a mulher da sua vida. Aceite o fato de não amá-la mais. Isso não significa que você não sinta um carinho muito grande por ela e que vocês não possam ser amigos mais tarde. O amor prega peças na gente o tempo todo. Vá à luta e procure outro grande amor.

Acabei de me separar e me apaixonei por uma garota de programa que é um doce, mas diz que ainda não é hora de deixar a agência.

Amar uma garota de programa que escolhe continuar garota de programa só é problema se você fizer de conta que ela é fiel. É difícil, mas será que não dá para você tentar diversificar um pouco também? Afinal, você mal terminou um casamento, vai com calma.

Sou casado e estou apaixonado pela filha do meu melhor amigo.

Tem histórias tão complicadas que é preciso tomar algumas decisões antes de levá-las adiante. Você corre o risco de perder a garota, a esposa e o amigo se essa história se tornar pública na hora errada. Qual é a hora errada? Aquela na qual você ainda não sabe o que está disposto a arriscar.

Sou amante da mulher do meu irmão e mãe de meus sobrinhos.

Cunhada?! É melhor tomar distância. A menos que a coisa seja muito séria e valha muito a pena. Mesmo nesse caso, mais cedo ou mais tarde, ou ela cai fora do casamento ou você sai de perto, pois a encrenca é certa. Não é impossível de administrar, mas é certa.

Conheci uma mulher fantástica, mas tenho medo de que ela atrapalhe meu casamento se continuarmos saindo juntos.

Se não dá para evitar e se ela é fantástica, viva a paixão — mas lembre-se de que medo não combina com amor. Mulher só atrapalha casamento quando o homem deixa. Ou quando o casamento está pedindo para ser atrapalhado.

Mudança

Toda minha vida gostei mais das pessoas do que elas de mim e isso se reflete nos homens que arranjo. Como faço para mudar?

É difícil, mas não é impossível a gente aprender a gostar menos de gente que gosta menos da gente. Sabe qual é o segredo? É lembrar o tempo todo da pessoa maravilhosa que a gente é e de tudo que a outra pessoa podia usufruir se gostasse mais. Se você fizer isso, ou será mais amada por essa pessoa ou encontrará alguém que a ame tanto quanto você merece.

Fico com um cara que é muito bom de cama, mas desaparece durante meses. Sou apaixonada há anos por um amigo que é TUDO, mas não quer nada comigo. Estou desesperada.

Não tem receita para dar certo no amor, mas ajuda bastante a gente evitar umas coisas, cultivar outras. Desencanar de ficante difícil, de paixão platônica e de admiração exagerada costumam adiantar um bocado a vida.

Não tenho outro homem, mas brigo muito com meu marido e não quero continuar casada. Quero estudar, trabalhar, partir para outra. Só não fiz nada ainda porque não sei como meus filhos vão lidar com isso.

Antes de qualquer coisa, você deve ser sincera consigo mesma e, em seguida, com seus filhos e com seu marido. Filhos ficam infelizes com a separação dos pais, mas podem ficar mais ainda com as brigas. Explique sua posição. Todo o crescimento que você tiver, seja com trabalho ou com estudo, vai influenciar o crescimento deles. Faça o melhor por eles, mas lute por sua felicidade.

Envolvi-me com um homem que mora longe de mim e que conheci pela Internet. Ele me ligava todos os dias, passávamos horas no telefone na madrugada, fizemos sexo virtual (minha primeira experiência, o máximo). Aí ele veio me visitar e saímos uma vez. Depois, ele mudou totalmente. Nós prometemos sinceridade um com outro, mas ele não diz nada. Será que ele não gostou de mim? Faltou química? O que será que aconteceu para ele mudar tanto?

Não pense que ele não gostou de você ou que faltou química. Isso é trazer o problema para o seu lado, quando é ele que não é capaz de ser sincero. Alguns homens gostam de criar o maior clima de grandes amantes para mudar completamente depois, sem explicações. Creio que existe uma certa maldade nesse comportamento porque 10 em 10 mulheres passam um tempo tentando descobrir onde erraram para que um homem tão maravilhoso mudasse tanto com elas. A questão é que esse tipo de homem não é maravilhoso, *se faz de* – e foge depois exatamente para provocar a baixa de auto-estima na mulher que conquistou. Provavelmente, ele não mudou. Ele fingiu que era de um jeito diferente do que é.

N

Na Seca

Não transo há mais de dois anos. Não consigo me deitar com qualquer um, mas a situação está ficando crítica. O que eu faço?

Mova-se. Corra atrás do tempo perdido. Ficar parada esperando não vai resolver nada. Não deitar com qualquer um não quer dizer não deitar *com nenhum*. Saia com as amigas, peça para elas levarem amigos. Divirta-se. E se sentir tesão por um desconhecido, desencane. Tire a camisinha da bolsa e seja feliz!

Fui apaixonada por um cara que não quis nada comigo e agora não consigo descobrir o homem certo. Me sinto tão mal sozinha.

Fazer do relacionamento amoroso uma prioridade é uma maneira de se sentir mal, mesmo. Saia com os amigos mesmo sem vontade e não fique procurando o "homem certo". Você já ouviu falar "enquanto não acho o homem certo, me divirto como os errados"? É isso. Divirta-se, que mulheres que se divertem são mais atraentes para os homens do que as que se desesperam por eles.

Onde acho um homem bonito, gostoso, companheiro e amigo? Estou há tanto tempo sem beijar na boca que tenho até vergonha de contar.

Você quer cinco coisas de uma vez só. Beleza, gostosura, companheirismo, amizade e beijo na boca. Aí fica difícil. Não porque você não tenha o direito de querer tudo isso, mas é que você está misturando coisas rápidas (como beijo na boca) com coisas que precisam ser descobertas, construídas, ensinadas (como companheirismo e amizade). Mesmo beleza é uma coisa que pode aparecer depois. A hora em que você separar o mais fácil do mais difícil as coisas melhoram. Tente freqüentar os lugares onde existem homens disponíveis para beijo na boca e amizade, porque aí é mais fácil você identificar os gostosos e companheiros. Lembre-se de que nem sempre beleza põe mesa.

Sempre fui hetero, mas me apaixonei por uma lésbica que me deixou há dois anos. Ela se meteu em problemas com a lei, tentou voltar, eu não quis. Agora não consigo amar ninguém.

Sabe o que eu acho? Às vezes é melhor sentir saudades do que sofrer e perder o respeito por quem a gente amou de verdade. Ela se meteu em confusão, não deu certo vocês voltarem. Sinta saudade, mas siga a sua vida.

Necessidade

Minha namorada sempre fala que eu posso fazer o que quiser com ela na cama, mas quando eu faço, ela reclama. Estou no auge do meu tesão. Como resolver esse problema?

Alcançar prazer e cumplicidade com outra pessoa é muito bom, mas dá trabalho. É uma conquista. Talvez esteja faltando diálogo e autoconhecimento entre vocês. Você sabe quais são as fantasias dela? Tentem chegar a um acordo quanto aos desejos de cada um.

Preciso ser infiel porque, se não sou infeliz no meu casamento, fico sem auto-estima.

É complicado ser fiel ou infiel por obrigação. Talvez valesse a pena você considerar que tipo de casamento é esse que depende de infidelidade ou por que sua auto-estima depende de infidelidade. Em geral, a infidelidade acontece porque se sente atração por mais de uma pessoa. Não tem problema ser diferente, mas tem de se assumir e tentar não se machucar ou machucar os outros à toa. Isso é muito difícil.

Meu marido não me toca, não conversa comigo, não fazemos nada juntos. O que eu faço?

Mulher que atura muito tempo essa situação pode se acostumar com a infelicidade. Por mais difícil que seja, vá arrumando formas de sair dessa. Visite amigos, parentes, vá ao cinema, a uma biblioteca, à igreja, mas não fique plantada vendo a sua vida passar.

Sou casado há sete anos e sinto que preciso experimentar outra mulher.

Se você quer conhecer outra mulher e está preparado para ser infiel, só precisa tomar cuidado para que desejo e experiências novas não signifiquem mágoas e encrencas.

Normal

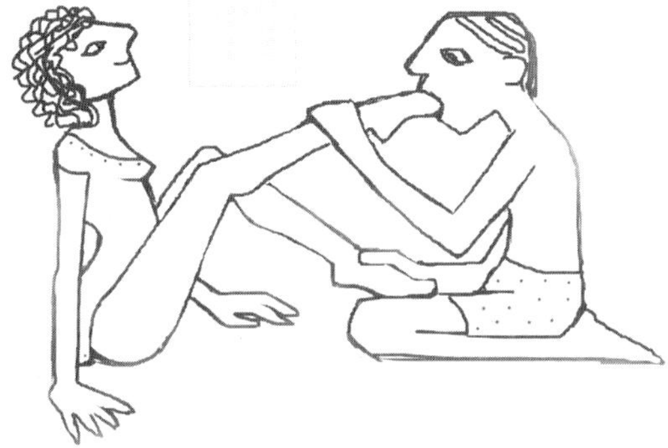

Tenho 28 anos e uma tara por mulheres um pouco mais velhas. Gosto também de pés delicados e unhas bem feitinhas. Reparo muito nestes detalhes, até em exagero. O que fazer?

Nada. Qual é o problema? Suas preferências atrapalham alguém? Mulheres mais velhas têm mais vivência e podem ser mais generosas (ou menos ansiosas) no amor. Pés e unhas bonitas são um estímulo interessante. Esses detalhes revelam bom gosto. Não se classifique como exagerado. Por que não intenso?

Tenho a fantasia de minha mulher transar com outro e depois me contar tudo em detalhes. Devo contar para ela essa fantasia? Corro o risco de perder a mulher?

Corre. Mas as mulheres tendem a ser mais compreensivas e menos preconceituosas com os homens do que os homens com as mulheres. Mesmo que ela ache você tarado e não tope, é capaz de ela relevar. Nesse caso, vocês podem usar a imaginação e fazer de conta que ela tem outro, ou qualquer alternativa que desejem.

Como contar para o meu namorado que gostaria de fazer sexo com outros homens, ao mesmo tempo?

Isso é uma fantasia ou você pretende colocar em prática? Se for fantasia não precisa contar, mas se for uma coisa para realizar de verdade, é preciso confiar muito nele para dizê-la ou propô-la. Certas fantasias mexem com tabus muito fortes das outras pessoas. Um deles é o de que mulheres para namorar (ou casar) não transam com o namorado e mais dois ao mesmo tempo. Mesmo que você confie nele, é bom sondar primeiro para ver como ele reage.

Meu marido gosta de ver revista de mulher nua. Nós fazemos de tudo na cama porque eu também gosto, mas não consigo aceitar essa atitude dele. Isso é normal?

O que é normal? A atitude dele de ver as revistas ou você não aceitar que ele veja? Porque são os olhos dele, a imaginação dele, você como esposa não tem acesso a esse caminho nem o direito de tentar controlar esse caminho.

Você pode é dizer que prefere que ele olhe as revistas longe porque sente ciúmes. Pode também rasgar as revistas no meio de um *strip-tease*.

É normal homem correr de mulheres atiradas? O que posso fazer para evitar isso?

Quem corre para longe de alguma coisa, em geral, é porque tem medo.

O que você pode fazer? Não ser atirada. OU escolher apenas homem que gosta de mulher atirada. OU fingir que não é atirada quando encontrar homens que têm medo de mulher atirada. Às vezes não dá para evitar homem medroso porque eles são interessantes, e os que não são medrosos e gostam de mulher são poucos...

O

Obrigação

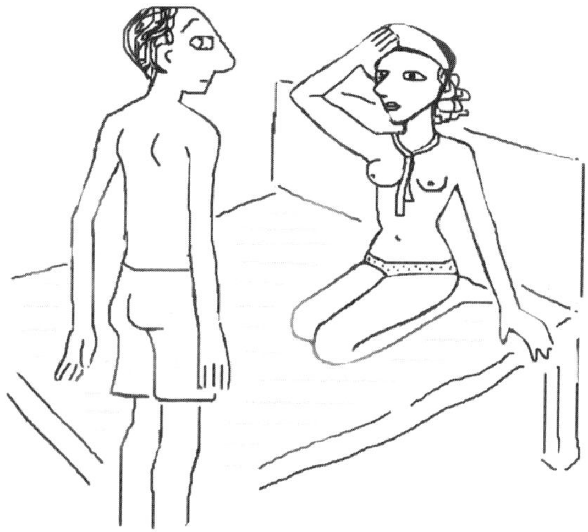

Namoro há um ano e por causa dele abri mão de muitas coisas. Deixei de falar com várias pessoas, não saio mais de casa, só fico em casa com ele (que não quer sair para lugar nenhum e vive arranjando motivos para brigar). Quando a gente viaja, ele fica deitado e todo dia se queixa de alguma dor. Depois de tudo o que eu fiz, acho que ele podia se esforçar mais. Quero voltar a ser feliz, falar com todos, mas continuar com ele.

Complicado o que você quer, porque ele não é obrigado a melhorar só porque você entrou numa de sacrificar o que gostava (amigos, passeios, festas) por causa dele. Em geral, obrigar as pessoas a se solidarizarem com a gente não funciona. A gente se solidarizar com tristeza, desânimo, mau humor dos outros também não. No amor não dá certo obrigar as pessoas a fazerem o que *a gente* acha que é bom para elas.

Não sei se gosto do meu marido ou se faço sexo por obrigação. Desejo muito outros homens.

Você não é a única mulher que tem vontade de fazer sexo com outras pessoas. O problema é você ter dúvidas se faz sexo com ele por obrigação. Preste mais atenção em você mesma e nos seus sentimentos; mas preste atenção também nas outras pessoas que a atraem. Quem sabe você não precisa arriscar outros contatos?

Tenho 30 anos, minha esposa 29. Depois que nossa filha nasceu, após vários abortos naturais, minha mulher não quer mais sexo comigo. Quando faz, é por obrigação. Não sei o que fazer. Tento convencê-la a procurar um médico, mas ela desconversa. Por favor, me ajude a salvar meu casamento.

Sexo é muito importante na vida de um casal e você está certo em lutar por sua felicidade e esperar isso de sua esposa. Ocorre que muitas mulheres ficam um período sem desejo sexual depois do nascimento de filhos, outras se deprimem mesmo. Novamente, você está no caminho correto insistindo para que ela vá ao médico. Se ofereça para acompanhá-la, procure informações sobre os bons profissionais que possam ajudar vocês, vá você sozinho num psicólogo se ela resistir à idéia. Por que você não aproveita essa crise para se informar mais sobre sexo, amor e maneiras de conquistar uma mulher na cama? Pense que todos os momentos difíceis pelos quais passamos podem ser uma oportunidade de melhorar nossa vida.

Oposição

Minha família não aceita meu namoro. Já tenho 19 anos. Estou muito decepcionada com eles.

Converse com seus pais e veja os motivos deles para serem contra seu namoro. Ser adulto significa também ter capacidade de diálogo. A questão é saber conversar e mostrar que está tudo certo com seu namoro.

Gosto de um cara que fuma e se droga. Toda a minha família diz para eu desencanar e namorar um cara com quem fico já há algum tempo. Esse cara até que é carinhoso comigo, mas tenho certeza de que ele não gosta de mim. Não sei o que faço: se fico com o que é aprovado por todo mundo, ou se brigo com todo mundo para ficar com um cara que, com certeza, não me merece...

Família que é família, que gosta da gente, não vai aprovar o namoro com um cara que se droga. Você gosta dele? Aconselhe um tratamento, vá você mesma num serviço de apoio a parentes e amigos de drogaditos. Você tem dúvidas? Dê uma boa lida nos jornais e vê o que as mulheres que ficam com drogaditos têm passado com eles. O problema não é fazer o que os outros querem, é fazer o que vai doer menos para você e dar alguma chance a ele de se recuperar. Para que largar a droga, se a namorada aceita?

P

Pai

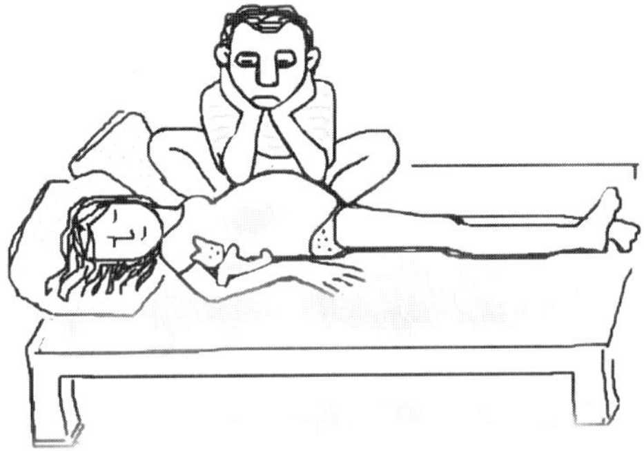

Minha namorada está grávida, mas tenho medo de casar porque sempre brigamos muito. Nunca sei como ela vai reagir ao que faço ou falo, é muito imatura. Acho que perdi o respeito, apesar de ainda gostar dela. O que eu faço?

Amor e medo não combinam. Se não consegue confiar nela e não se sente capaz de respeitá-la, isso pode complicar com a chegada do bebê. Avalie o que será melhor para você, para ela e para a criança, que sinceramente nada tem a ver com a falta de maturidade de sua namorada.

Estou grávida do meu ex. Ele quer que eu aborte, mas eu não quero.

Gravidez significa sempre mais responsabilidade para a mulher, mesmo quando o pai quer assumir, o que não é o caso do seu ex. Procure apoio nas pessoas em quem você confia. Quanto ao seu ex, deixe claro que você quer a ajuda dele, qualquer que seja sua decisão. Pai é importante. Prepare-se, porém, para o caso de se aborrecer com essa situação. Os homens, infelizmente, gostam de transar sem camisinha, mas não gostam de assumir a responsabilidade de suas omissões.

Passado

Eu e meu namorado terminamos e fiquei algumas vezes com um cara que ele detesta. Ele quer voltar, mas tenho medo que descubra.

Não sinta culpa por ter ficado com um ou por ter sido vista com outro. Se seu ex perguntar, é só negar. Mostre a ele que você está arrependida, mas sem se deixar humilhar. Acima de tudo, valorize o seu passe!

Namoro um homem que sofreu uma grande desilusão amorosa e diz que não acredita mais no amor. Eu sofro com isso porque estou apaixonada por ele. O que devo fazer?

Não dê corda que é pior. Gente pessimista costuma dar trabalho. Tem certeza de que compensa a dedicação? Se compensar, ame-o, mas sem a expectativa de que ele mude de ponto de vista. Se for só uma decepção, talvez seu amor o convença. Caso contrário, ele vai continuar pensando assim e você precisa aprender a não sofrer com isso.

Descobri que meu ex-namorado, quando estava comigo, tinha um casinho com uma amiga minha. Não estamos mais namorando, mas estou fula da vida. O que devo fazer?

Nada. Esqueça essa história. Você já está em outra. Não vale a pena ficar remoendo coisa do passado. Quanto à amiga, pode ser que ela não seja tão amiga assim. Tome cuidado com ela nos próximos namoros.

Meu namorado insiste em lembrar do meu ex sempre que fazemos algo de bom. Por quê?

Porque o ser humano gosta de complicar a vida. Quando não tem o que fazer, fica procurando problemas no passado da pessoa que ama. Daí essa besteira que é ter ciúmes do ex. Dê um toque nele e faça-o enxergar que isso está atrapalhando o namoro de vocês.

Estou ficando com um cara que saiu de um relacionamento longo. Tenho medo de que não dê certo por isso, apesar de tudo estar sendo muito legal.

Quem vive de passado é museu. Realmente é difícil se desligar de uma história de muito tempo, mas não deixe nenhum fantasma ameaçar o que vocês têm. Construa uma nova história com ele sem ficar olhando para trás.

Pecado

Namoro um rapaz há muito tempo, mas estou apaixonada por outro. Não sei o que fazer porque acho pecado trair meu namorado, mas, ao mesmo tempo, quero muito viver essa paixão.

Paixão é uma coisa difícil de resistir mesmo quando a gente acha que é pecado. Namorado não é marido, mas, ao mesmo tempo, nem todo mundo tem vocação, preparo, espírito, o que você preferir para ser infiel. Isso torna as coisas mais complicadas. Pode chegar a um ponto em que você precise pedir um tempo ao seu namorado para viver essa paixão. Ou desistir dela de vez. Tente pensar no que vai fazer você mais feliz.

Tenho 30 anos e fico com um rapaz mais novo do que eu quase todo fim de semana. O sexo entre a gente é muito bom. Um dia desses evitei beijá-lo perto dos meus pais para não demonstrar o que existe entre nós e ele ficou muito zangado. Ele bebe, fuma e eu sou evangélica.

Se você gosta de ficar com ele é bom tomar cuidado para que ele não se sinta seu objeto sexual. Considere que "ficar" todo final de semana já é mais do que apenas ficar. Ele bebe, fuma, faz sexo com você. Tirando as duas primeiras coisas, vocês dois têm muita coisa importante em comum, não é mesmo? Resolva o que você quer dele e considere que aos 30 anos quem manda na sua vida é você e não a opinião pública familiar ou religiosa.

Tenho um caso com o meu genro e estou me apaixonando por ele. Porém tenho medo de que ele abandone minha filha.

Essa história envolve um risco tremendo de magoar os envolvidos. Além de desgosto e raiva, ainda pode acabar em rompimento sério entre vocês duas. Sinceridade? Aproveite que você "está se apaixonando" apenas, e não apaixonada total, para dar um tempo nessa história. Talvez o divórcio entre seu genro e sua filha seja algo inevitável, porém acho que você deve esperar as coisas acontecerem para dar qualquer passo.

Pegar ou Largar

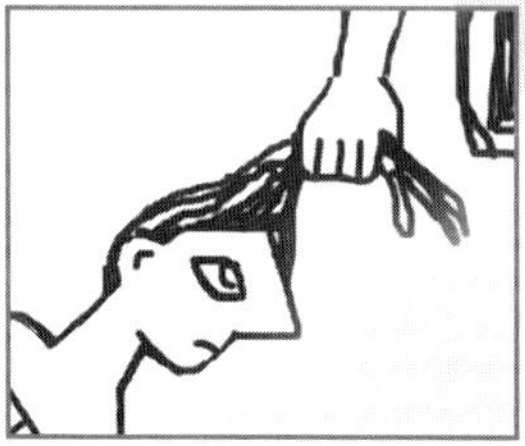

A gente vive junto, mas ele é casado com outra mulher. Promete largá-la e não cumpre.

A situação é insuportável para você? Deixe isso claro para ele, mas saiba também (não precisa dizer, só saber dentro da sua cabeça) até onde você pode ir. Se ele ficar com as duas, você e a esposa, durante 20 anos, você segura a onda? Se ele não lhe der escolha, você consegue deixá-lo? Defina o que você quer e o que consegue fazer.

Descobri que meu marido me trai. O que eu faço?

A primeira coisa que uma mulher traída precisa resolver é se quer continuar com o marido infiel. Continuar significa disputá-lo. Disputa se faz ou por bem, com charme, carinho, sexo, ou por mal, encostando na parede, chantageando, armando barraco. Não continuar é dar uma chance à solidão, é verdade, mas é dar chance também à possibilidade de arranjar um homem melhor. Avalie seus sentimentos.

Acho que minha namorada só quer saber de sexo comigo, mas eu não me importo. Adoro transar com ela. Será que vou sofrer no futuro se ela me largar?

Se você está consciente disso, ótimo. Aproveite. É só não se deixar iludir e fantasiar coisas que você já sacou que não devem acontecer.

Meu marido me trai com várias mulheres que conhece online e mente para elas se fazendo passar por um homem melhor do que ele é. Estou me sentindo um lixo. O que eu faço?

Ele é que é um marido infiel e mentiroso que se apaixona na Internet por quem não conhece. Você pode escolher se quer ficar com ele, apesar dessas características, se quer trocá-lo por outro diferente ou, até mesmo, se deve deixá-lo e ficar sozinha por um tempo.

Pressão

Namoro há oito anos e queria muito me casar, mas ele sempre foge do assunto. Não temos problema de dinheiro. Será que ele está me enrolando?

Não sei. Está? Você o conhece há oito anos, deve saber se ele quer viver com você para sempre ou não. Pode ser que ainda não tenha chegado a hora certa para ele. Pode ser que ele esteja com medo. O único jeito de descobrir é conversando diretamente com ele.

Ele é casado, eu também. Ele sente ciúmes, exige que eu me separe, mas tenho medo de ficar sozinha porque sei que ele não vai largar a mulher.

Você não quer se separar do seu marido e quer manter o outro. Ele quer que você se separe, mas talvez não deixe a mulher dele. Pode ser que você esteja certa sobre o que ele vai fazer, mas não pode ter certeza, não é? Certeza a gente só tem sobre o que quer (e mesmo assim, só às vezes). Vale a pena manter seu casamento? Diga ao outro que não quer se separar ou invente uma desculpa e vá levando. Isso não significa que vai dar certo. Significa apenas que você vai ganhar tempo para manter essa situação, até que alguém descubra ou que ele canse de ter ciúmes. Lembre-se de que não dá para ter tudo o tempo todo.

Minha família é muito tradicional. Sou noivo de uma mulher do nosso círculo de amizades há muito tempo. Nossa festa de casamento já está sendo preparada há mais de um ano, mas não sei se serei feliz ao lado dela. Ao mesmo tempo, não quero decepcionar todo mundo. E agora?

A sua felicidade é mais importante do que a de qualquer pessoa. Talvez esteja na hora de enfrentar a sua família. Tente fazê-los entender que esse é o destino que eles escolheram para você, mas não o que você escolheu. Tente mostrar que no fim das contas vai ser melhor para todo mundo.

Primeiro Encontro

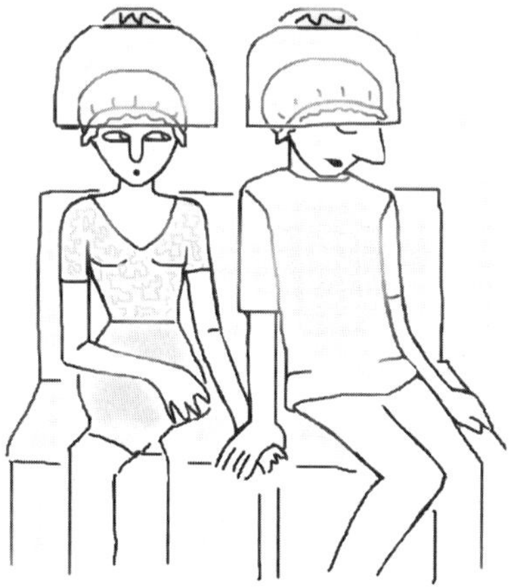

Conheci uma cara no salão de cabeleireiro e acabei indo com ele para sua casa de campo. Passamos a noite toda juntos. Só que, no dia seguinte, eu não liguei – nem ele. Gostei muito do cara, mas não quero correr atrás. O que faço?

Agora é esperar, né? Agüente firme e espere um pouco. Vocês vão acabar se encontrando de novo no salão, se ele não ligar. É difícil, mas tente não ficar ansiosa.

Quantas vezes posso ligar para um homem depois do primeiro encontro? O que faço para conquistá-lo?

Nenhuma, se você quiser ter boas chances com ele. Infelizmente, poucos homens compreendem que uma mulher ligar para eles depois do primeiro encontro é uma homenagem ao seu desempenho e ao seu charme. Para a maioria é uma demonstração de facilidade, carência. Isso é um preconceito idiota, é claro, mas é preferível deixar que ele se manifeste e agir então da forma mais charmosa e gostosa possível, passo por passo.

Sou separada e conheci um cara na Internet. Nós trocamos fotos, nos falamos todos os dias no telefone, somos muito quentes no virtual. Ele tem 49 anos e vive insistindo para sair comigo. O problema é que tenho 45, sou bonitona vestida, mas tenho medo de irmos para a cama e ele não gostar da minha barriga, achar meus seios caídos. Afinal, amamentei meus filhos e não sou mais uma garota. Não tenho dinheiro para plástica, mas eu desejo muito esse homem. O que fazer?

Relaxe, homem não repara nessas coisas do jeito que a gente repara. Ele também deve ter suas limitações estéticas e você não está preocupada com isso, está? Na hora do "vamos ver", o que importa é *o que* acontece e *como* acontece. É capaz de a roupa que você vestir para o primeiro encontro e a maneira como você se livrar dessa roupa fazerem mais diferença do que qualquer coisa a ser corrigida com plástica. Confie em você; para homem bem resolvido não existe nada mais *sexy* do que mulher autoconfiante.

Prova de Amor

Queria que meu namorado fosse comigo ao aniversário da minha tia, mas ele não quer ir. Será que ele não está a fim de compromisso?

Não necessariamente. Talvez ele não esteja pronto para essa etapa. Ou apenas com vergonha. Você deve respeitar. Tudo tem seu tempo, não se deve forçar. O importante é saber se o namoro de vocês vai bem.

Espero uma prova de amor de um cara que namoro há oito meses pela Internet, que mora em Portugal. Ele promete escrever e não escreve, telefonar e não telefona, não sei o que fazer.

Século XXI e você está esperando prova de amor de um cara que promete escrever e não escreve, mandar foto e não manda, telefonar e não telefona? Deixe de escrever para ele, não mande presente nenhum, não telefone, que ele se decide. Pode ser uma decisão de que você não goste, mas vai ser melhor do que correr atrás de um cara que está do outro lado do mundo. Tem certeza de que aqui no Brasil mesmo não tem um cara mais interessante?

Amo um homem casado há dez anos. Ele diz que não consegue largar a esposa, passamos meses separados, mas ele sempre volta. Segundo ele, as voltas são a prova do seu amor por mim. Agora estou com um namorado e não quero voltar, apesar de não conseguir esquecê-lo. Será que ele realmente me ama? Será que se eu não aceitá-lo dessa vez, ele vai sumir para sempre? Não sei se consigo ficar sem ele.

Alguns homens são inesquecíveis. Alguns homens casados realmente amam a OUTRA e não conseguem deixar a patroa. Ele voltar sempre parece mesmo uma prova ou uma medida do amor por você. Acontece que você tem o direito de se dar uma chance de ser feliz com outro homem em situação menos complicada. Talvez ele precise desse estímulo – o seu NÃO – para resolver a vida. Talvez ele não volte mais. Mas talvez você consiga, nessa última hipótese, deixá-lo na galeria dos amores inesquecíveis dos quais gostamos de lembrar. Parece que você vai ter de provar o seu amor a si mesma e se dar a chance de escolher.

Q

Quando um Não Quer...

Sou casado há três anos e minha esposa só quer transar, no máximo, duas vezes por mês. Sou super-fiel e não gostaria de traí-la. O que devo fazer?

Abrir o jogo com ela. Homens não gostam de discutir relacionamento, mas mulher gosta. Não sei se esse é o caso, mas você tem o direito de ser feliz e sexo faz parte da felicidade. Tente melhorar a vida sexual de vocês, mas considere que você só pode garantir *o seu* desejo, *o seu* prazer, nunca o desejo, o prazer, a mudança *de outra pessoa.*

❤

Ultimamente estou tendo muitos problemas de diálogo com meu marido. Não quero me separar com brigas, gostaria que fosse numa boa, num clima de amigos, mas ele não me leva a sério. Temos 21 anos de casamento e ele está sempre reclamando e me culpando por tudo o que acontece.

Você sabe que quando um não quer, dois não brigam, não sabe? Acontece que às vezes, quando um não quer diálogo, é preciso romper primeiro para dialogar depois. Talvez não dê para ser amiga agora de um cara que há 21 anos reclama de você. Separe-se primeiro e tente ser amiga depois. O importante é saber que nem sempre o outro quer o que a gente quer, do jeito que a gente quer, na hora em que a gente quer.

Separei-me de um rapaz 18 anos mais novo que eu, com quem vivi por três anos. Ele diz que sou a pessoa que mais gosta neste mundo, mas acha que não me ama. Ele namora outras, mas me conta. Arrumei outro e ele ficou com ciúmes. Ele diz que está na fase da farra e que não quer me magoar ficando comigo. Mas eu o amo e quero voltar. DEVO?

Releia o que você escreveu, por favor. Ele está numa fase de farra, gosta de você, mas acha que não a ama, e não quer magoar você ficando a seu lado. A pergunta não é se você DEVE voltar. ELE NÃO QUER VOLTAR e você não pode fazer nada em relação a isso. A pergunta é se você deve esperar por ele sozinha ou acompanhada. Se ele tem ciúmes quando você está acompanhada é sinal de que a segunda opção aumenta as suas chances. Além do quê, é sempre uma oportunidade de amar outro homem que dê menos trabalho.

Namorei quatro anos um garoto, mas no ano novo viajei sem ele e acabei ficando com outro, por quem acho que estou apaixonada. Terminei com o meu namorado, pois achei que não daríamos mais certo, pois ele estava usando drogas. Fiz de tudo para tirá-lo dessa, mas não posso suportar mais a situação. O que eu faço agora?

Você já fez tudo o que era para fazer, mas não deve ficar em situações que não suporta só porque ele quer se drogar. Não se culpe por você gostar mais de ficar, de namorar e de ser feliz do que de usar drogas como seu ex-namorado. Quem sabe o choque de perder você não faz cair a ficha e ele procura tratamento? Agora é tocar a vida, esperar que o ficante se apaixone por você também e ser feliz.

Quero Mais (e melhor) Sexo do Que Tenho

Meu amante não consegue transar mais comigo nem com a esposa. Será que ele se cansou das duas ao mesmo tempo?

Pode ser que seja isso. Pode ser que ele esteja envolvido com uma terceira mulher. Pode ser que esteja com problemas no trabalho. As razões pelas quais as pessoas fazem as coisas importam pouco em comparação com o que a gente vai fazer a respeito. Você quer continuar com um homem casado que não deseja mais você?

Minha namorada me impõe muitos limites, mas sinto que às vezes ela quer algo a mais – só que não consegue expressar. Quero um namoro mais picante. Como fazer isso sem que ela pense que sou um depravado que não a respeita?

Seja gentil e deixe claro o seu desejo de forma bem suave, porém explícita. Mulheres apaixonadas acham *sexy* o homem que demonstra o que deseja e batalha pelo que deseja. Só não seja chato, troglodita ou medroso. Sei que é difícil conseguir se manter longe desses três defeitos, mas você aprende. A causa é boa.

Namoro há um mês um rapaz que já tentou transar comigo duas vezes, mas eu disse não, pois tenho medo de ele querer apenas se aproveitar.

Ele querer transar é natural, não é? A questão é se *você quer* transar e se ele quer *apenas* sexo. Não deve ser isso, porque senão ele não estaria namorando. É verdade que alguns homens adoram um jogo duro e se a mulher levar meses para transar eles acham o máximo. Outros homens gostam mais de sexo do que de jogo e, nesse caso, acabam partindo para outra. Descubra qual é a dele, mas descubra, antes de mais nada, qual é a sua.

Existem coisas que eu adoro na cama, mas que minha namorada não suporta. Quando ela cede, faz como se fosse uma concessão enorme, chega a perder um pouco a graça. Gosto muito dela, mas não quero abrir mão do meu jeito de ser.

Você pode conversar com sua parceira, você pode esperar que ela se convença, você pode desistir do assunto (pelo menos por um tempo). A verdade é que tudo na vida sexual de um casal é descoberta, e isso leva tempo. Não dá para esperar que o outro se satisfaça com as mesmas coisas nem que se sinta à vontade no mesmo ritmo. Se isso realmente incomoda você, é o caso de procurar uma namorada com mais compatibilidade.

Meu marido quase não me procura mais e estou me envolvendo com uns caras na Internet. Tenho medo de estragar meu casamento.

Relacionamentos virtuais não têm o poder de estragar casamento que está bom, o que não parece ser o caso do seu. Sexo e fantasias são coisas importantes, quem sabe até melhoram a realidade em que você vive? Cuidado para não transformar em aborrecimento e culpa essa diversão. Não precisa.

Quando eu era galinha, ela morria de ciúmes, queria transar a toda hora. Hoje, que sou fiel, ela perdeu o tesão totalmente.

Talvez você seja mais atraente na pele de garanhão do que no papel de bem-comportado. Parece que você vai precisar fazer de conta que as outras mulheres continuam dando trabalho.

Minha namorada deixou de ser "cachorra" na cama de uns tempos para cá. Não gostei dessa mudança. Quero minha cachorra de volta. O que devo fazer?

Falar com ela e descobrir por que ela mudou de atitude na cama. Pode ser uma fase, ou ela pode estar com algum problema. Só conversando com ela você vai descobrir. E deixe claro o quanto gosta dela do jeito que ela é, sem repressões.

Minha mulher não quer mais fazer sexo. Será que é minha culpa?

A única pessoa que pode explicar a falta de interesse dela em relação a sexo é ela mesma. Acho que você precisa conversar com ela com calma e jeito, mas dizer claramente que esta situação não está boa para você.

Minha mulher era muito mais quente quando nós namorávamos. Agora vive cansada, desanimada, não liga mais para mim.

Não dá para passar sem sexo. Medidas práticas: voltar a namorar. Quem disse que marido cortando unha e partilhando problemas e tarefas é *sexy*? Tente lembrar o que funcionava e faça de novo, de preferência melhor.

Amo meu namorado, mas ele não me satisfaz na cama, é inexperiente. Preciso de sexo e beijo na boca. Saio com outros caras, mas não consigo largá-lo. Gosto muito dele.

Todo mundo já foi inexperiente um dia. Experiência se adquire. Pode ser de uma forma mais lenta, com o tempo, ou mais rápida, se tivermos alguém que nos ensine. É aí que você pode entrar. Já que você diz que não consegue largá-lo, seja professora e aproveite a chance de ensiná-lo tudo o que você gosta

Não gostaria de trair meu marido, mas ele faz muito pouco sexo comigo e um colega meu de trabalho, também casado, vive me chamando para sair.

Você está preparada para ser infiel? Vai segurar a onda? Tome cuidado para que isso não afete o relacionamento que vocês têm no trabalho.

Quero Mais do que Ficar

Conheci, na Net, um homem que acabou de ser largado pela mulher. Ficamos uma vez e ele é tudo o que sempre quis num homem, mas não quer compromisso. Será que dá certo conquistá-lo primeiro como amiga?

Dizem que a melhor maneira de pegar um homem é quando ele está arrasado, jogado no chão, rejeitado. Dizem também que nessa fase, a da separação e do abandono, os homens querem é galinhar. Parece uma medida inteligente ser amiga de um cara legal e se mostrar aberta a outras aproximações. Cuidado para não sufocar o sujeito.

Ele é casado, diz que gosta de mim, mas eu não acredito. Quero ficar com ele, mas sei que vou querer mais.

Enquanto você não acreditar, a vantagem é sua. Continue não acreditando, duvidando mesmo de que ele seja capaz de largar a mulher, para ele provar que é sincero. O perigo é você acreditar e se apaixonar tanto que nem precise que ele escolha.

Fico com um cara dois anos mais novo do que eu mesmo quando ele tem namorada. Agora ele terminou, mas não sei se vai querer me namorar.

O problema é que vocês já acostumaram a ficar, sem compromisso. Para ter mais do que isso, vocês vão precisar conversar sobre as expectativas dos dois, coisa que os homens não costumam gostar ou, então, você precisa propor coisas que sejam mais do que ficar apenas. No primeiro caminho, vocês podem romper, mas é mais rápido. No segundo, dá trabalho, leva tempo, precisa ter paciência.

Quando ficamos é o paraíso, mas durante o resto do tempo ele me trata como se eu fosse uma conhecida qualquer. Ele parece gostar tanto de mim quando estamos juntos!

Numa boa? Ou esse cara precisa de uma boa geladeira ou é você quem precisa de um cara novo que lhe dê valor. Façamos o seguinte: dê um tempo de forma discreta, falando só quando necessário e vivendo sua vida. Um gelo mesmo. Depois, se ele ceder, correr atrás, mostre que você é sem igual e ele não pode viver sem você. Se ele continuar de xeique, parta para outra.

R

Rancor Masculino

Eu amo um cara, mas nós tivemos uma briga feia e dissemos coisas terríveis um para o outro. Sinto muita falta dele. O que fazer para voltar?

É melhor dar um tempo até a poeira baixar. Se vocês se agrediram verbalmente, é provável que ele vá passar um tempo remoendo o que você disse. Homens podem ser muito rancorosos e a verdade é que quando um não quer, dois não brigam. Depois, tente encontrá-lo de maneira casual e lembre a ele do quanto vocês funcionam juntos, e de que vale a tentativa.

Ele tentou me namorar por dois anos. Até chorava no telefone por mim. Agora que aceitei, diz que vai ligar e não liga, que vai aparecer e não aparece. Por que ele faz isso?

Cuidado com quem insiste e chora tanto para conseguir um objetivo e quando consegue não dá valor ou fica se vingando. Se você disse "não" durante dois anos é porque nunca esteve muito a fim dele, não é verdade? Pode perfeitamente aproveitar esse rancor masculino e dispensá-lo. De preferência logo, porque certos comportamentos são contagiosos.

Preciso de uma luz. Minha noiva esta grávida e me traiu, mesmo com tudo pronto para o nosso casamento. Não sei se devo perdoar ou pagar na mesma moeda...

Depende do quanto você consegue lidar com o que está em jogo. Perdoar é mais fácil se o assunto "infidelidade" não for público. Relevar é mais fácil se a gente considera que o que ela fez pode não ter nada a ver com você. Quero dizer que é possível estar com uma pessoa apesar de amar outra, como vocês homens costumam saber e fazer. O rancor dentro da gente não se instala quando a gente tem a memória das vezes que traímos ou quisemos trair. Se você conseguir considerar esses fatores do fundo do coração, perdoar é um caminho possível. Pagar na mesma moeda é uma péssima base para um casamento.

Nem sempre, porém, a gente consegue evitar o péssimo no amor. De qualquer forma, dá para terminar tudo, devolver os presentes. Você não é obrigado a não ser rancoroso. Preservar o bebê, no entanto, é um dever de adulto.

Rei das Mulheres

Fico com um cara mulherengo, farrista, pagodeiro, some de vez em quando. Finjo que aceito ou faço jogo duro?

Aceitar é passar a mensagem de que você concorda com esse comportamento. Você quer continuar com ele mesmo com esses sumiços repentinos? Jogar duro pode fazer com que ele suma de vez. Você pode ir tentando o cara, aparecendo nos lugares que ele freqüenta, fazendo um ligeiro jogo duro, dando um tempo para que ele veja o quanto você vale a pena. Mas não entre nessa com a esperança de modificá-lo.

Por que os homens de hoje não querem nada? Estou a fim de um cara que é o rei da night, não sei se ele é assim porque já sofreu muito ou se é por ser galinha mesmo.

Os homens não querem nada ou você está escolhendo o mais difícil? Observe a sua preocupação em descobrir se a galinhagem dele é fruto de SOFRIMENTO! Galinha é galinha e acabou-se. Você pode conquistar um homem desses, você pode manter um homem desses na coleira, mas tem de ser mais esperta do que ele. Se enganando, você não vira o jogo.

Sou louca por um cara muito galinha com quem já fiquei. Preciso fazer alguma coisa, porque penso nele o tempo todo.

Só dá para fazer duas coisas: conquistar ou esquecer. Para conquistar, vá com calma. Não dê uma de carente ou de chata, seja sutil e irresistível quando vocês estiverem juntos de novo. Esses caras galinhas são um perigo quando percebem que têm mulher aos seus pés.

Ele sempre quis me namorar, mas eu não queria porque sei que ele é mulherengo. Agora peguei ele na cama com outra. Ele diz que transa com ela porque eu não transo com ele. Devo perdoá-lo?

A base desse namoro está complicada, não está? Você precisa decidir se gosta dele e se quer fazer sexo com ele, *antes* de decidir se vai perdoá-lo por gostar de sexo e deixar que você o pegasse fazendo sexo com outra. Pois tem isso também: por que ele não fez escondido? Passar a responsabilidade para você não é bonito. Resolva primeiro o que você quer e depois coloque seus limites para ele.

Saber Perder

Fui noiva durante muito tempo de um cara que me deixou dizendo me amar mas preferir outra que diz não amar. Ele diz que ela faz tudo por ele, coisa que, segundo ele, eu não faço. Desisto dessa relação? O que fazer para provar que mudei?

Mudar para quê? Quem faz tudo pela gente é mãe e mesmo assim só quando a gente é criança pequena. Por mais que você goste dele, deve primeiro gostar de si própria. Portanto, siga sua vida, conheça outros caras. Se ele realmente gostar de você, ele vai se tocar de que cometeu um erro.

Amo minha namorada, mas ela pediu um tempo porque acha que gosta de outra mulher. O que devo fazer?

Ela demonstrou uma confiança enorme em você e no relacionamento de vocês ao contar que acha que gosta de outra mulher. Se ela se decidir, depois desse tempo, por um relacionamento homo, vai restar a você o orgulho de ser um homem em quem uma mulher pode confiar. Parece pouca coisa? Prêmio de consolação? Não é, não. É uma excelente base para a reconquista.

Minha namorada pediu um tempo para sentir minha falta e me disse que há algum tempo não sente desejo sexual e que, às vezes, não quer que eu esteja em sua companhia, mesmo gostando muito de mim. Você acha que está disfarçando para terminar comigo? Ou será que ela gosta de mim e isso faz parte daquelas depressões que as mulheres sentem às vezes?

Não sei, pode ser qualquer uma das opções. Você só vai descobrir com o tempo. Não adianta forçar a barra. Dê o tempo que ela quer e não fique à disposição. Vá se divertir, pensar em outras coisas, não pare no tempo. Se ela decidir terminar, siga em frente. Se ela voltar para você, não deixe a peteca cair novamente.

Meu namorado me traiu e quando o traí, ele saiu falando de mim. Por que homem não sabe perder?

Você já deu a resposta. Homem não suporta infidelidade de mulher porque homem não sabe perder. Agora você já sabe: quando quiser manter um homem e, ao mesmo tempo, traí-lo, tem de saber guardar segredo.

Faço qualquer coisa para ele voltar, mas ele não quer.

Perder um amor dói demais, mas se ele não quer voltar, você tem de segurar a onda porque correr atrás é pior. Não deixe que ele a veja choramingando. Se segura no salto que as suas chances melhoram. Ou você arranja outro melhor.

Sem Dinheiro

Estou apaixonada por um homem um pouco mais jovem que ganha menos do que eu, mas que é muito bom para mim. Tenho medo de que não dure.

Aproveite o que você tem agora. Se não durar, você tem mais uma paixão no currículo, na memória, na experiência.

Meu marido sempre me traiu. Agora perdi o tesão por ele e só sinto atração por homens mais jovens e de situação menos favorecida. Por quê?

Porque você perdeu o tesão no seu marido é óbvio; agora, por que você tem atração por homens mais jovens e com menos dinheiro, não dá para saber. Talvez seja os que você têm por perto. No amor, o mais importante é a gente evitar sofrimento extra, desnecessário. Esses homens mais jovens tratam você bem? Você se sente feliz com eles? Todo mundo tem direito a ser bem tratado e a ser feliz.

Sexo com o Mesmo Sexo

Sou homossexual e estou apaixonado por um homem casado com três filhos que faz parte do meu passado. O que devo fazer para reconquistá-lo?

Para reconquistá-lo, tente chamar o rapaz para sair, agindo com tranqüilidade. Se ele demonstrar interesse por você, não perca a chance. Agora, cuidado para não se magoar, porque se ele está numa fase hetero pode ser que ele reaja mal à reaproximação.

Sou gay, resolvi assumir há algum tempo, mas não me adapto ao meio. Devo voltar a ser *straight* de novo?

Você não é obrigado a freqüentar ambientes que não combinam com você só por causa da sua opção sexual, a menos que você precise dar umas voltas nessas rodas para arranjar companhia. Cuidado para não usar o preconceito ao contrário. Seja um cidadão do mundo, só você pode ditar seu próprio comportamento.

Amo uma pessoa do mesmo sexo, mas não quero virar lésbica. Gosto da minha vida de hetero. Como esquecê-la?

Não é fácil assumir o homossexualismo, você mesma reconhece. Mas talvez a coisa mais difícil da vida seja perder um grande amor. Alguém que desejamos, admiramos, com quem queremos partilhar coisas. Escolhas são difíceis, mas não dá para evitá-las.

Sou gay, mas poucas pessoas sabem. Há uns meses tive um momento intenso com meu melhor amigo, que é hetero. Rolaram uns amassos, mas depois disso ele tem me evitado. Estou com outro cara, já, mas fiquei magoado. Será que ele tinha uma queda por mim e ficou com raiva de admitir?

Querido, o coração tem razões que a própria razão desconhece. Eu acho que ele devia ter uma queda por você, sim. Ou até mais do que isso. Mas tem de ser muito homem para assumir esse tipo de coisa. Os homofóbicos, na maioria, são gays enrustidos. Mas se você já partiu para outra, não tem com que se preocupar. A não ser que você sinta falta da amizade, desencane.

Não sinto atração por nenhuma garota do meu colégio. Acho que nunca senti por nenhuma garota. Será que sou gay?

Não tem nada que se possa fazer para forçá-lo a ter atração por mulheres, e o fato de você não se sentir atraído por elas não dá respostas infalíveis sobre os rumos da sua vida. Já imaginou que talvez as garotas da sua sala não sejam o seu tipo? Cada corpo reage de uma maneira aos estímulos externos. Talvez valha a pena conversar com alguém em quem você confie. Quaisquer que sejam suas conclusões, ainda há muito tempo para realizá-las.

Descobri que meu namorado é gay. Já fiz de tudo para conseguir entender, mas não consigo. O pior é que sou apaixonada por ele.

As pessoas são o que são e você não pode fazer nada em relação a isso. Sua preocupação tem de ser de agora em diante parar de tentar entender. Às vezes a melhor coisa é dar um tempo de relacionamentos, procurar novos interesses.

Enfrentei muitos preconceitos, mas assumi meu homossexualismo. Há dois anos, conheci um homem recém-separado e vivemos um caso de amor até o mês passado. Agora ele voltou a sair com mulheres, diz que não tem coragem de assumir essa opção e que quer ser meu amigo. Isso eu não quero.

Ele não quer ser homossexual, pelo menos nesse momento. O máximo que ele oferece é amizade e isso você, compreensivelmente, dispensa. É duro ser amigo de quem a gente deseja. Amar é uma arte que a gente precisa aperfeiçoar todos os dias. Vocês têm um passado, se separaram, ele está em outra. Use a situação a seu favor. Tente aproveitar este tempo para conhecer outros caras, sair, viajar, se tornar uma pessoa diferente da que ele conheceu. Ou você arranja outro melhor do que ele ou ele volta e o amor de vocês fica fortalecido.

Sou homem, mas tenho vontade de experimentar sexo com outro homem. O que faço?

Realizar desejos é um direito. Se a sua vontade é essa, não lute contra ela e seja você mesmo. Apenas se cuide e faça sexo seguro.

Sumiço

Tem hora que meu namorado virtual é um doce e tem hora que ele desaparece durante dias sem eu saber direito o porquê.

Tente agir como agiria se a pessoa estivesse com você no real, e não só num teclado. Frieza e sumiço? Faça o mesmo, e não caia na tentação de dizer o que está fazendo. Discutir relação já é complicado na realidade, quanto mais na Internet.

Amo um homem casado, ele é maravilhoso e diz que não conseguiria viver sem mim. O problema é que ele some durante semanas sem explicações.

Amante casado tem de ser maravilhoso, mesmo porque a limitação é dele. Muito cômodo para ele sumir. O cara já não pode sair sábado à noite e ainda desaparece por semanas? Resolva se você quer aceitar esses sumiços. Se não quer, suma também, para ele sentir o gosto da própria atitude. Sem avisar por que está sumindo. O efeito está no mistério.

Sou gay, apaixonado por meu namorado, mas ele some e não sei se devo pressioná-lo para ele não fazer mais isso.

Ninguém gosta de ser colocado contra a parede. Afeição a gente não cobra. Não pode ser uma coisa mandatória. Se estiver inseguro, ou quiser mais atenção, faça com charme, mas não dê tanta confiança de demonstrar que está louco para que ele apareça sempre.

Situação Esquisita

Estou pensando em apresentar minha amante à minha mulher para ver se elas se tornam amigas. Você acha que pode dar certo?

Qual a sua intenção com isso? Está parecendo que você quer que o caldo entorne. Essa situação pode soar divertida, mas pode causar muitos problemas. Não vai ser fácil conviver com isso. Repense e veja se realmente vale a pena. Alguém pode sair muito magoado dessa história.

Meu namorado comprou um carro novo e não liga mais para mim. O que será que está acontecendo?

Os homens, às vezes, são realmente esquisitos. Amam carros como se fossem gente. Bom, o que você tem a fazer é jogar de igual para igual com o seu concorrente. Dê uma guaribada na sua carroceria. Vá ao cabeleireiro, compre um vestido e uma *lingerie* nova e apareça! Ele pode até ficar indeciso, mas tenho certeza de que vai acabar optando por você.

Sou amante de um homem casado que me apresentou para a família e todo mundo gosta de mim. Ele diz que não separa porque não quer que os filhos fiquem contra ele. Eu me sinto esquisita nessa situação.

Os filhos não precisam de pretexto para ficar contra os pais. Talvez ele ainda não saiba disso. O fato de você transitar na família é uma demonstração da força dos sentimentos dele por você. É esquisita a situação? É, mas no amor nem sempre a gente consegue rejeitar situações esquisitas.

Meu marido me traiu com a mulher do meu primo. Nos separamos. Isso já tem oito meses. Agora esse meu primo está dando em cima de mim. Estou atraída por ele. Mas não sei se só estamos querendo nos vingar. O que você acha?

Está todo mundo separado? Não vejo problema em engrenar um romance com o primo. Pode até ser que esse novo romance tenha relação com o passado, mas isso não significa que não possa dar certo.

Meu ex-marido quer voltar, as crianças dão a maior força porque adoram o pai, mas eu não sinto mais tesão por ele.

Você voltar com ele e ficar infeliz não vai fazer bem para os seus filhos. Filhos crescem e fazem suas escolhas. Se não sente mais tesão, vai ser pela metade para os dois (pelo menos para você, e é isso que importa). Pense no quanto a sua felicidade pode ajudar seus filhos a serem felizes também e lute por ela. Sozinha ou com outro.

Tenho 25 anos, estou com um homem casado que tem dois filhos pequenos. Ele diz que me ama, mas que não pode deixar a mulher e as crianças, por enquanto.

Vamos pensar juntas. Primeira hipótese: ele é uma gracinha... Quando o Júnior e a Mariazinha estiverem com 20 e 18 anos, aí, talvez, ele fique com você. Você já terá 40 anos. Segunda hipótese: ele é sincero, você o disputa com a mulher e com os filhos e ganha. Resta saber se você quer arriscar.

T

Timidez

Estou ferrado. Sou um homem tímido no Rio de Janeiro, mas não posso ficar sem mulher. Como devo agir?

A primeira medida é se conhecer bem. De que tipo de mulher você gosta? Defina isso e passe a freqüentar os lugares aonde elas costumam ir. Observe o que elas gostam de conversar e de fazer e tente se aproximar. É só ter jogo de cintura e ir se aproximando conforme a pessoa der corda. Sem fazer gênero, o famoso "seja você mesmo". Tem muita mulher que é tarada por homem tímido.

O que fazer para deixar de ser tímida?

Existe um certo charme na timidez se a gente resolver chamá-la de mistério, reserva. Tenha paciência com você mesma. Quando perceber que a sua reserva está impedindo sua felicidade, se obrigue a superá-la. Quando for vantajosa, mantenha.

Eu gosto de um garoto que é bastante tímido. Não tenho coragem de conversar com ele, porque sou bem mais nova e os amigos dele fazem brincadeira sobre isso. O que faço?

Ele é tímido e você ainda se deixa intimidar pelos amigos bobões que ele tem. Aí fica difícil. Esqueça os outros, se concentre nele. Ao que parece, ambos são tímidos e não têm coragem de dar o primeiro passo na conquista. Não se preocupe com a fofoca dos outros e continue sendo simpática com ele. Quando puder, jogue um charme ou peça para uma amiga sua falar com ele. Quem sabe ele toma coragem?

Dizem que está faltando homem por aí, mas tenho 37 anos e nunca dei sorte com mulher: estou sempre sozinho. Será que é porque eu sou tímido?

Faça sua sorte, então! Não existem grandes mistérios na conquista, a gente é que complica: escolhendo mal, se entregando antes de receber, se fechando demais... Não sei qual é o seu caso, mas vale tentar: pare com o pessimismo e vá à luta. Freqüente lugares de solteiros, academias, livrarias. Vá treinando suas cantadas que as coisas melhoram.

Tenho 26 anos, ela 20, muito tímida. Ficamos há uns meses, mas agora quando ligo para ela, uma ou duas vezes por semana, ela nunca pode sair. Qual é o mistério?

Para saber qual é o mistério (ou se existe mistério), você tem de parar de ligar por umas duas semanas. Se ela sentir falta de sua atenção, vai aceitar sair. Se mesmo assim ela não topar, você tem duas alternativas: perguntar diretamente se ela prefere que você não ligue mais (arriscado, pode ser que a resposta não agrade) ou sumir por um tempo maior. De qualquer forma, você vai ganhar: ou o jogo, ou experiência.

Toco

Por que algumas mulheres gostam somente de atiçar o homem ao extremo? Na hora "H" elas desconversam ou saem fora. O que há com essas mulheres?

Algumas ainda se divertem dando toco nos homens. Talvez tenham problemas, quem sabe. O importante é saber identificar com quem se está lidando para saber como agir.

Me envolvi com um cara que parecia superlegal. Ele marcou um encontro, mas não apareceu, e me disse depois, muito sem-graça, que eu era muito nova para ele. Fiquei arrasada.

A melhor vingança é ser feliz. Esse cara que lhe deu bolo deve ser superinseguro e simplesmente não se garantiu com uma garota seletiva e decidida como você. Não ligue para a idade, você não tem de provar nada para ninguém. Saia para conhecer outros caras – mais velhos ou mais novos, mas menos medrosos, de preferência.

Quero sair com uma colega. Já tentei armar situações, mas sempre algum amigo ou amiga vai junto. O que posso fazer?

Chame-a para sair abertamente, com ou sem intermediário. Seja direto, não permita que ninguém o intimide. Uma frase curta, do tipo: "está passando tal filme, quer ver comigo amanhã?". O máximo que pode acontecer é você levar um toco, mas isso nunca matou ninguém.

Me comportei muito mal com uma garota e me arrependi depois, mas ela começou a fazer um jogo duríssimo comigo. Só agora voltamos a trocar e-mail. Quero, pelo menos, ficar com ela de novo. Como faço?

Chame-a para um papo. Jogue um charme, mande umas indiretas. Se estão se correspondendo por e-mail, ela está balançada. Não faça o estilo carente ou ansioso. É claro que ela pode dar um toco em você, por vingança, é verdade, mas não dá para saber por antecipação.

Tristeza

Ele disse que nós não tínhamos nada a ver e terminou. Quando estou quase curada, aparece de novo e não concretiza nada.

Você já viu abelha em cima de pão doce, na padaria? Fica voando, beliscando, mas não leva. O caminho é ficar longe dele, mudar de ambiente, beijar outros caras até esquecer. Tem homem que é assim, sabe que não dá certo, mas quer manter a mulher na fita. Fique longe que a alegria volta.

Meu marido me traiu, pediu uma nova chance e não melhora. Estou muito triste com ele.

Tem certeza de que você quer mesmo continuar com um marido tão batalhado? Se ele realmente não está apresentando mudanças, é o caso de se afastar um pouco para ver se ele resolve correr atrás do tempo perdido ou se você descobre que a relação já deu o que tinha de dar.

Terminei um namoro de dois anos com um rapaz porque descobri que ele falsificou minha assinatura em alguns cheques meus. Após ter terminado tudo, ele não desgrudou do meu pé, querendo voltar, mas eu não quis. Hoje ele está bem com outra mulher e isso me deixa triste.

Veja como a gente é incoerente! Ele a enganou deliberadamente, prejudicou você e você fez o que era certo: terminou com ele. Agora está triste – porque ele está feliz ou porque você está sozinha? Se perdoasse a primeira falsificação, outras viriam, provavelmente. Não se preocupe, a tristeza vai passar quando você arranjar outro amor que não tente lhe fazer mal. É ter paciência e se abrir para essa possibilidade.

U

Um é Bom, Dois é Melhor Ainda, Três...

Tenho namorado, mas tenho ficado com um cara muito desencanado que é uma graça. Só tenho medo de me envolver muito ou de ele pensar mal de mim porque estou traindo meu namorado.

Medos bem razoáveis, porque alguns homens têm uns padrões de conduta que só se aplicam às mulheres. Se é uma coisa de pele e você consegue jogar sem ser descoberta, não há o que perder. Se sente que está criando expectativas pode abrir um pouco a guarda para ver se ele abre também ou pular fora, enquanto é tempo. Cuidado só para que o namorado não perceba que está sendo marinado enquanto você faz essa escolha. Você pode arrumar um inimigo.

Meu namorado está me traindo e, um pouco por vingança, acabei me envolvendo com um cara que tem namorada. Agora não sei o que fazer.

Não tem ninguém menos complicado no pedaço? Seu namorado está com outra e você está a fim de um outro cara *que também tem* namorada. Você já percebeu que não está dando certo se envolver em triângulos amorosos. Encontre novos interesses, saia com outras pessoas.

Meu ex quer voltar comigo, mas o atual também é muito bom.

Tanta mulher se queixando de falta de namorado, e você com dois! Você tem mesmo de escolher agora, assim, em cima do laço? Tente lembrar por que você se separou do ex e ter claro o que funciona com um e não com o outro. Se é mesmo para escolher, escolha o que faz você mais feliz e que lhe traz menos problema. Esse é o ideal, mas nem sempre dá para conjugar essas duas qualidades.

Tenho 18 anos e namoro um homem de 31. Sempre fui fiel, mas de uns meses para cá, tenho traído ele bastante. Amo meu namorado e não sei como isso tudo foi acontecer. Quero parar, mas não consigo. O que faço?

Essa história pode não acabar bem, ainda mais se você se sente culpada e confusa. Quem sabe alguma coisa está errada, alguma insatisfação emocional ou física na relação? Pode ser também que você esteja apenas querendo se divertir, conhecer outras opções. Avalie seus sentimentos. Você é solteira, sem compromisso, pode ficar com quem quiser e ficar é uma opção que não machuca nem você nem ninguém.

Amo um cara com quem saio de vez em quando. Saio também com outro que é casado, mas meus pais não gostam de nenhum deles. O que eu faço?

Talvez você esteja interessada em dois homens. Amar é uma palavra forte para desperdiçar com "ficante". Você, aparentemente, quer que o primeiro ame você também, que não se incomode por você sair com o casado e que seus pais aprovem tudo. A maioria dos pais não gosta que as filhas saiam com um homem que sai com elas de vez em quando. E gostam muito menos que as filhas saiam com homens casados. Não dá para ter tudo na vida: os dois caras e mais a aprovação dos seus pais. Escolha o caminho que vai fazer você mais feliz, nem que o caminho seja deixar as coisas como estão.

V

Verdade

Meu marido teve uma amante por três anos. Agora que descobri, ele diz que não quer se separar, que foi só sexo eventual. Pode ser verdade?

Pode ser que ele pense assim, hoje. Pode ser que tenha sido assim sempre. A verdade, nesse caso, é secundária. Ele não quer se separar, resta saber se você quer continuar vivendo junto.

Dei toda a liberdade à minha namorada e encontrei ela conversando com o ex. Será que fui traído?

Para que você quer saber a verdade? Não caia na besteira de perguntar se aconteceu traição. O que você vai fazer com a resposta? O importante é daqui para a frente. Acho que talvez seja o caso de você dar menos corda para essa moça, ser muito bom de beijo na boca, mas reservado nas declarações de amor. Não corra atrás que ninguém respeita gente boazinha demais.

Uma moça virgem deve demonstrar ao rapaz o quanto ele a excita ou, nesse caso, é melhor esconder os impulsos sexuais?

Homem que vale a pena é homem que gosta de saber que excita uma mulher. Para esses, a verdade é excitante. Um ou outro pode preferir que a mulher fique quieta e gelada ao seu contato, mas isso costuma ser sinal de preconceito ou dificuldades. No amor, tudo é uma questão de conhecer o que contribui para o nosso prazer e para o prazer de quem nos acompanha.

Virgindade

Amo muito meu namorado, mas não consegui ainda fazer sexo por completo com ele.

Sexo é uma coisa que a gente faz no momento em que está preparado para isso. Se não é ainda o seu momento, você e seu namorado têm de achar a maneira mais tranqüila e divertida de irem se conhecendo antes desse dia.

Não sou mais virgem, mas não sei como meu namorado vai aceitar esse fato. Tem como um homem perceber que a mulher não é mais virgem? Existe alguma maneira de fingir ser virgem, ou de voltar a ser virgem?

Vamos começar pelo final. Não dá para voltar a ser virgem no sentido de apagar que aconteceu sexo pela primeira vez. Você pode fingir que é virgem, porque nem toda mulher sangra na primeira vez, mas será que vale a pena começar sua vida sexual com ele fingindo? Porque você é virgem desse namorado e ele é virgem de você. Talvez isso seja o mais importante.

Seu namorado não tem de aceitar, ou não aceitar, o fato de você não ser virgem. O seu passado é seu, o dele é dele. Qualquer coisa fora disso é plantar infelicidade no futuro. Quando a mulher tem segurança do que é, o homem costuma aceitar bem. Se não aceita, é porque não é o homem certo.

Tenho 14 anos e perdi minha virgindade com meu namorado com quem namorava havia três meses. Depois que transamos, ele me deixou. Sou completamente apaixonada por ele, o que eu faço?

Que cara é esse, hein? Sinceridade? Homem que sabe tratar bem uma mulher não pode fazer isso. Lembre-se disso e tente deixar essa paixão para lá, porque ele já provou que não sabe amar. Pode até aprender um dia, mas vai aprender com mulheres que o coloquem do outro lado do balcão, aprendendo a não brincar com os sentimentos dos outros. Pense 547 vezes antes de transar com alguém inconseqüente no amor. E camisinha sempre.

Minha primeira vez foi com um cara de quem eu gosto muito, mas depois ele sumiu. Agora, só aparece para transar. Estou muito magoada com ele, não sei como fazer para mudar essa situação.

Virgindade é um marco, mas não significa ter de ficar com a pessoa para o resto da sua vida. Quanto ao fato de ele só aparecer quando quer transar, você tem duas opções: coloque ele contra a parede (o que envolve o risco de ele sumir definitivamente), ou essa folga dele pára e vocês dois se acertam. De qualquer jeito, é melhor saber onde está pisando logo, não acha?

Namoro uma garota que deixou de ser virgem com o ex-namorado, mas diz que não quer fazer sexo comigo ainda. Gosto muito dela, mas não sei se devo terminar.

Se você gosta dela, não há por que terminar. O sexo não rolou ainda, e daí? Tudo tem seu tempo. Vai ver ela está esperando o momento certo. Vai ver ela se arrepende de ter perdido a virgindade cedo e não quer se apressar dessa vez. O melhor que você faz é entender e não forçar a barra, porque isso só gera mais dúvidas na cabeça dela.

Quero muito fazer sexo com minha namorada, mas ela é virgem e tem medo. Não sei se é jogo dela ou se é medo mesmo. Como convencê-la?

A coisa mais importante no amor é fazer o que a gente quer, com quem a gente quer e na hora em que a gente quer. Você como namorado precisa entender isso e ter paciência. Tente fazer com que ela se sinta à vontade. Assim ela saberá identificar o momento mais adequado. Talvez seja interessante sugerir que ela converse com um ginecologista de confiança, que aprenda a usar a camisinha... Entre vocês, conversem sobre sexo da forma mais leve e mais *sexy* possível.

Namoro um cara há nove meses. Nos conhecemos bem, temos liberdades, já passamos de uns amassos, mas não chegamos a transar, porque não estou preparada e tenho medo de que meus pais descubram. Ele é o homem da minha vida, mas não sei se me entrego. Por favor, me ajude.

Todas as coisas importantes que a gente faz pela primeira vez a gente deve tentar fazer bem feito, para ficar uma boa lembrança, para não misturar com sentimentos ruins ou com aborrecimentos desnecessários. Isso implica escolher com quem, onde, como e quando. Você já achou o cara certo, agora trate de descobrir qual é *o seu* momento de dar esse passo. Não faça o que não está segura. E não se esqueça de consultar um ginecologista antes, para saber tudo sobre sexo seguro. Camisinha sempre.

Vizinha / Vizinho

Sou casado. Estou atraído por uma vizinha que está me dando bola, mas é muito arriscado tentar alguma coisa. A rua é cheia de fofoqueiros. Tenho medo de que minha mulher descubra. O que faço, então?

Essa história tem grandes chances de não acabar bem, como você mesmo está prevendo. Você está feliz no casamento? Se estiver, o melhor é esquecer a vizinha. Se não, é um sinal de que as coisas em casa precisam mudar. Resolva isso primeiro e pense em paquerar a vizinha depois.

Moro sozinho e ando numa fase de muita sorte com mulher. Um dia desses, acabou rolando com minha vizinha. O problema é que ela não desgruda. Chego a desligar a luz para que ela não saiba que estou em casa! O que mais posso fazer?

Nada, a não ser dizer a ela com clareza: "Você é bonita e gostosa, querida, mas eu não quero mais nada com você". Dá para ser direto, sem ser grosseiro. Existe uma chance, é claro, de ela virar sua inimiga, mas se você não quer nada com ela, qual é o problema?

Sou apaixonada há dois anos por um canalha completo. O pior é que ele é meu vizinho e traz mulheres para casa. Quando eu brigo, ele diz que são só amigas. Não consigo tirá-lo da minha vida. O que eu faço?

No amor, o que a gente consegue é o que a gente escolhe, nem sempre o que concorda. Se ele mente que elas são amigas é porque não quer deixar de ter você. Esse é o lado bom. O lado ruim é que você não respeita o cara e, se algum dia conseguir conquistá-lo para marido, corre o risco de manter essa fatura em cartório. Talvez ele um dia canse de todas essas mulheres e fique só com você. Talvez não. Tente ver o que você está levando de bom nesse relacionamento para não acrescentar ao ciúme a impressão de que é vítima desse homem.

Depois de muito tempo trocando olhares pela janela, saí com meu vizinho. Liguei para ele no dia seguinte e ele não quis falar comigo, pois a namorada estava na casa dele. Liguei mais duas vezes e ele não retorna. O que está acontecendo? Tenho certeza de que ele ficou louco por mim.

O cara gosta da guerra, não é? Mas tem namorada e você sabia disso. A questão é que você não deve correr atrás dele porque isso não funciona. Agüente firme para não se desvalorizar. Não insista que é pior. Dê um tempo, tente se interessar por outras coisas, seja leve porque homem mulherengo morre de medo de mulher que corre atrás.

Vontade de Trair

Sou casada, mas meu marido não dá a mínima para mim. Encontrei um rapaz com o mesmo problema. Será que podemos ter um romance escondidos?

Você pode (e deve) ser feliz sozinha ou acompanhada, desse rapaz ou de outro qualquer. Mas você tem de saber que esse relacionamento provavelmente não vai para outro nível. Pelo visto, nenhum dos dois quer se separar e começar de novo.

Meu marido me trai e vivo pensando num homem que conheci antes dele, mas esse homem só volta daqui a meses.

Se você tem dúvidas, é melhor não fazer nada. Inclusive porque não precisa fazer ainda. O outro não está por perto, qual é o problema de pensar nele, planejar o futuro? Nenhum. A não ser que você use o futuro para não resolver o presente. Não se deixe prender numa situação ruim hoje, pensando no que pode fazer amanhã. Lute por sua felicidade.

Fico com um cara que mora em outra cidade. Gosto de estar com ele, mas não sei ficar muito tempo sem beijar na boca e acho que não é justo ser infiel.

Ser fiel não é uma questão de justiça, e sim uma combinação de escolha com necessidade. Deixe para se preocupar com fiidelidade quando o desejo de beijar alguém for incontrolável.

Vulgar

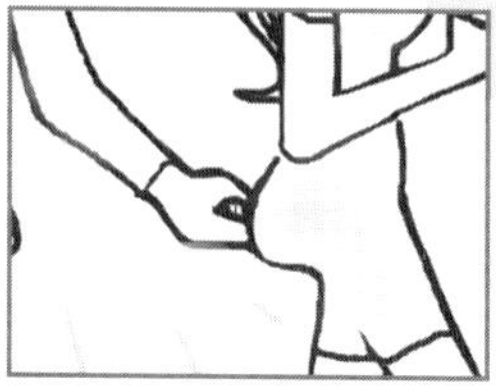

Estou me relacionando com um cara que conta todas as nossas transas para a família. Descobri e terminei com ele, pois isso me fez sentir vulgar. O que fazer, se o amo muito?

É muito infantil esse comportamento dele, mas crianças, às vezes, respondem bem a punições e limites. Você já terminou. Agora, se for o caso, abra espaço para uma reaproximação, mas deixe claro que não vai aturar mais essa criancice. Cuidado, porém, para não se declarar nem tomar a iniciativa. Ele tem de saber que fez uma coisa errada do seu ponto de vista.

❤

Tenho umas idéias radicais para fazer um sexo tórrido com meu amor, mas tenho medo de parecer vulgar.

Não existe vulgaridade no amor. Se você não quer assustar o cara (o que eu acho muito difícil), pode deixá-lo à vontade para dar as cartas ou fazer uma sugestão consumista, do tipo "que tal fazermos uma visita àquele *sex shop*, só por curiosidade?". A coisa flui naturalmente, pode acreditar, e se o cara não gostar, é melhor considerar um namorado novo.

Estou separada há três anos e os namoros que tive desde então não duram muito. Gosto muito de sexo quente, em qualquer hora ou lugar. Será que ser assim faz com que os homens me achem vulgar?

É incrível, fantástico, extraordinário, mas alguns homens acham que mulheres muito quentes são vulgares. Não entendem o tesão como uma homenagem a eles. Talvez você esteja se concentrando em homens desse tipo. Tente conhecê-los melhor antes de dar uma demonstração do quanto você é gostosa porque talvez o sujeito em questão não mereça.

X

X do Problema

Sou apaixonada por um cara muito mais novo do que eu. O que faço?

A questão é saber se ele também é apaixonado por você e se faz você feliz. Qualquer que seja a idade de um homem, isso é o que importa de verdade. O resto é medo de amar ou preconceito.

Sou casado há 20 anos. Conheci uma mulher num evento evangélico e me envolvi com ela. Minha esposa me perdoou, mas não consigo esquecer a outra. É muito forte a coisa de pele, não sei o que fazer.

Você tem de escolher um lado ou o outro. Considere que as duas mulheres merecem seu amor, mas você tem o direito de ser feliz e isso, talvez, implique deixar uma delas e seguir com a outra. Este sim é o X do problema. Não se culpe. O amor é uma bênção, ser feliz é um direito e, nem sempre, dá para a gente poupar os sentimentos das pessoas quando lutamos por nossa felicidade.

Meu marido me traiu. Eu perdoei, ele escolheu ficar comigo, mas nosso casamento ficou balançado.

Ele traiu, você perdoou, o negócio agora é começar tudo novo. Pense no que você gostaria de mudar na sua vida e vá experimentando aos poucos. Comportamento, visual, cama. Tenha coragem, porque o pior você já venceu.

Z

Zelo

Meu namorado vive olhando para as outras garotas. Acho que é só olhar, mas e se ele quiser ir adiante?

Olhar não tira pedaço. Aonde ele vai a partir daí já são outros quinhentos. Se alguém tem uma mulher disposta e interessante ao seu lado e fica desejando a galinha do vizinho, ele precisa passar por uma avaliação minuciosa do controle de qualidade. Se isso incomoda você, converse com ele, de maneira doce, engraçada, sem cobrança. Os limites somos nós que fazemos.

Como faço para descobrir se meu namorado está me traindo?

Não faz, a menos que esteja querendo trocar de namorado. Confie no seu taco. Agora, se tem algum sinal específico, é bom conferir, demonstrar um pouco de zanga. Só para não virar bagunça. Se ele estiver pensando em trair você, vai ficar avisado. Uma questão de zelo.

Tenho um ciúme louco da minha namorada, que trabalha no meio de muitos homens. Até que ponto devo dar liberdade a ela?

É a maior besteira homem demonstrar muitos ciúmes. A mulher pode se achar a maior, sem ser. Ela pode se sentir estimulada a conferir os outros homens porque, já que você insiste tanto, para que levar fama sem proveito? Ela pode mandar você passear. Segure sua onda. Zelar por seu amor, prestar atenção, tudo bem. Mas vexame não está com nada.

Zoar

Namorei um cara 25 anos mais velho do que eu durante cinco anos e ele terminou comigo por telefone. O que eu faço para zoar bastante com a cara dele? Só penso em vingança.

Desencane. Homem que demite mulher por telefone não tem competência para ser lembrado. Sei que dói esquecer um ingrato, mas é o melhor que você faz. Não gaste tempo e sentimento com esse cara. E detalhe: não existe melhor vingança que a indiferença.

Ele tem 20 anos, eu tenho 25 e dois filhos. Ele não me assume, quer zoar, mas sempre volta para mim.

Homem mais novo que a mulher, ainda mais um de 20 anos, vai tentar conhecer outras mulheres. Ele precisaria ter uma maturidade extraordinária para não fazer isso. Você segura essa situação? Porque não se iluda, vai dar trabalho. Mas o amor dá trabalho mesmo. Se você não segura, aproveite que vocês estão separados para tentar desencanar.

Sou bonita, fico com um bocado de caras, mas nada vai adiante porque eu tenho mania de zoar o parceiro.

Você conhece um ditado que diz "sua alma, sua palma"? Para você, não chegou ainda o tempo *de não zoar*. Ou então não chegou o cara, pode ser também. Um dia você vai encontrar alguém tão especial que não vai ter mais vontade de zoar. Pode também chegar a hora em que você canse, por si só, de zoar.

Sobre a Autora

Sonia Rodrigues é jornalista, escritora, doutora em literatura e apaixonada por histórias de amor, tormento e glória.

Virginiana com ascendente em Gêmeos e a lua em Leão, faz um esforço para combinar Terra, Ar e Fogo, emoção e sensatez. Essa conjugação astral mais o conhecimento adquirido em paixões pessoais ou alheias deram origem a Amarilys, seu alter ego, a mulher que acolhe a todos e tenta ser, ao mesmo tempo, compreensiva e pertinente em seus conselhos.

Com 22 livros publicados, Sonia reconhece que ser filha de Nelson Rodrigues, influenciou sua trajetória literária. "Menos pela obra extraordinária que ele deixou e mais pela observação do quanto a paixão dele e de minha mãe, por mais que impossível de ser vivida, engrandecia os dois. Ser filha de um grande amor faz a cabeça da gente. Fez de mim uma pessoa que tenta ser tolerante com os erros do amor. Fez nascer Amarilys."

Daniel Filho diz que Amarilys não tem a verdade com ela. Tem a vivência, a observação e sua verdade que, sem dúvida, ajuda pois abre caminhos. Sonia acha que Daniel é um homem sábio. E generoso.